Números de te...

Nombre de la escuela: _____

    Número de teléfono: _____

Número de teléfono del trabajo de la mamá: _____

Número de teléfono del trabajo del papá: _____

Otros amigos, familiares, niñera que puedan ayudar:

Nombre: _____

    Número de teléfono: _____

Nombre: _____

    Número de teléfono: _____

Los factores que provocan el asma de tu hijo: _____

_____

_____

_____

Las primeras señales de un ataque de asma de tu hijo: _____

_____

_____

_____

_____

Fechas de los ataques de asma: _____

_____

_____

_____

Guarda una copia del Plan de acción contra el asma de tu hijo junto con este libro.

Qué Hacer Para Los Niños Con Asma

Fácil de leer • Fácil de usar

Stanley P. Galant, M.D.

Institute for Healthcare Advancement
501 S. Idaho St., Suite 300
La Habra, California 90631
(800) 434-4633

Institute for Healthcare Advancement
501 S. Idaho Street, Suite 300
La Habra, California 90631

© 2011 por el Institute for Healthcare Advancement
Todos los derechos reservados
Se prohíbe la reproducción de este libro por cualquier medio sin el consentimiento por escrito del Institute for Healthcare Advancement.

Impreso en los Estados Unidos de América
14 13 12 11   5 4 3 2 1
ISBN: 978-0-9720148-7-8

A nuestros lectores

Si tu hijo tiene asma, este libro es para ti. Sabemos que no es fácil cuidar de un niño con asma. Hay muchas cosas en qué pensar todos los días. Hay días buenos y días malos. Esperamos que este libro te ayude a mantener bien controlada el asma de tu hijo. Aprender sobre el asma será útil para ti, tu hijo y tu familia.

Cada capítulo de este libro responde 5 preguntas:

- ¿De qué se trata?
- ¿Qué debo saber?
- ¿Qué debo tener presente?
- ¿Qué puedo hacer en casa?
- ¿Cuándo debería llamar al médico o la enfermera?

Estas son algunas maneras de cómo puedes usar este libro:

- Anota los números de teléfono al principio del libro. Mantén el libro donde puedas encontrarlo.
- Lee el "Contenido" en la página viii.
- Lee algunas páginas todos los días. Comparte este libro con tu familia y otras personas que cuiden a tu hijo.
- Busca en el libro las respuestas a las preguntas que tengas sobre cómo cuidar a tu hijo.

A nuestros lectores

- Lleva el libro contigo a las visitas del médico de tu hijo. Pregúntale al médico o a la enfermera las cosas del libro que no entiendas.
- Cuando tengas que dar un nuevo medicamento, busca las páginas que hablan sobre ese medicamento. Lee y aprende sobre el medicamento.
- Usa el espacio extra del libro para escribir notas sobre tu hijo. Por ejemplo:
  - Números de flujo de aire máximo
  - La fecha y la hora en que tu hijo tuvo un ataque de asma
  - Los factores que provocan el asma de tu hijo
- Lee la página vii: "Cuándo pedir ayuda de inmediato".
- Consulta la "Lista de palabras" al final del libro. Puedes encontrar el significado de muchas de las palabras que se usan en el libro.

El médico que escribió este libro tiene muchos años tratando a niños con asma. Es posible que algunas cosas de este libro no sean adecuadas para tu hijo. Tú debes decidir cuándo llamar al médico o ir a una sala de emergencias. Si tu hijo está enfermo y tú tienes preguntas, llama al médico. Siempre debes hacer lo que tu médico o enfermera te diga.

Cuándo pedir ayuda de inmediato

Para tu hijo: Busca ayuda de inmediato si observas cualquiera de estas señales. **¿No puedes comunicarte con tu médico? Entonces llama al 911** o llévalo a una sala de emergencias.

- Tu hijo respira más rápido de lo normal.
- Tiene la piel hundida entre las costillas o en la zona de la garganta.
- Tiene dificultad para respirar y le cuesta hablar. No puede contar hasta 10 sin tomar un respiro profundo.
- Tose sin parar.
- Tiene las uñas o los labios azulados.
- El medidor de flujo de aire máximo está en la zona de color rojo.

Para tu bebé: Busca ayuda de inmediato si observas cualquiera de estas señales. **¿No puedes comunicarte con tu médico? Entonces llama al 911** o llévalo a una sala de emergencias.

- Tu bebé respira más rápido de lo normal.
- Deja de mamar o de comer. El bebé resuella mientras come porque tiene dificultad para respirar.
- La piel de tu bebé está pegada a las costillas.
- Se agranda el pecho del bebé.
- Está pálido o tiene la cara colorada.
- Tiene las puntas de los dedos azuladas.
- El llanto del bebé es más corto o más débil.

Contenido

1. Lo que debes saber sobre el asma — 1
- Los niños y el asma   2
- El asma   5
- Las señales de asma   8
- Los ataques de asma   12

2. Cómo controlar el asma de tu hijo — 17
- Los factores que provocan el asma   18
- Los niveles de gravedad del asma   24
- El control del asma   29

3. Cómo planificar el cuidado del asma de tu hijo — 33
- Medidor de flujo de aire máximo   34
- El Mejor número personal de flujo de aire máximo   39
- Sistema de zonas de colores del medidor de flujo de aire máximo   41
- Plan de acción contra el asma   44

4. Los medicamentos para el asma de tu hijo — 51
- Medicamentos para el asma   52
- Medicamentos de alivio rápido   56
- Medicamentos de control: corticosteroides inhalados   59

Contenido

- Otros medicamentos de control   64
- Esteroides orales   69

5. Cómo ayudar a tu hijo a tomar los medicamentos   73
- Inhaladores de dosis medidas   74
- Cómo se usa un espaciador   79
- Cómo se usa una mascarilla   84
- Cómo se usa un nebulizador   89
- Inhaladores de polvo seco   95

6. La salud de tu hijo   101
- Los beneficios del ejercicio   102
- Cuando el ejercicio provoca el asma   106
- Inyecciones para la alergia y el asma   110
- Vomito, acidez y ardor de estómago   114
- Fiebre del heno   118
- Sinusitis   121

7. Vivir con asma   125
- Visitas al médico   126
- El asma en la guardería   129
- El asma en la escuela   133

Lista de palabras   137

Contenido de este libro de la A a la Z   143

Agradecimientos   147

Lo que debes saber sobre el asma

Notas

Los niños y el asma

¿De qué se trata?

El asma es una enfermedad de las vías respiratorias de los pulmones. Los niños que tienen asma tosen mucho o tienen dificultad para respirar. Cuando respiran, hacen un sonido parecido a un silbido (sibilancia).

¿Qué debo saber?

La palabra médica para vías respiratorias es bronquios. Es posible que tu médico te diga que tu hijo tiene "asma bronquial". En la actualidad, hay más niños con asma que nunca.

Asma:
- Puede aparecer a cualquier edad.
- Es hereditaria. Si mamá o papá tiene asma, hay más probabilidades de que tu hijo tenga asma.
- **No** tiene cura.
- **No está** "en la cabeza del niño". Los problemas emocionales **no** causan el asma.
- **No es** algo que se quita cuando tu hijo crezca

Es posible que tu hijo tenga asma si:
- Tiene resfriado de pecho más de 2 veces por año.
- Tuvo bronquitis más de una vez.
- Tuvo neumonía más de una vez.

Los niños y el asma

El asma es una enfermedad crónica en la mayoría de los niños. Eso significa que puede ir y venir toda la vida. **Nunca** desaparece del todo pero puedes controlar el asma con el tratamiento adecuado.

Si tu hijo tiene asma:

- Sin buenos cuidados, tu hijo podría tener dificultades en la escuela. También podría afectarle el practicar deportes y seguirles el ritmo a otros niños.
- Tu hijo está enfermo. Llévalo al médico de inmediato. Tu médico te dirá cómo puedes ayudar a tu hijo.

- Habla con tu médico para saber cómo tratar y cuidar el asma de tu hijo. De esta manera, tu hijo **no estará** enfermo todo el tiempo.

¿Qué debo tener presente?

- ¿Tu hijo siempre está resfriado o tiene tos o sibilancias (al respirar hace un sonido parecido a un silbido)? Si es así, es posible que tu hijo tenga asma.
- Quizas **no** se le irá el asma cuando crezca.
- **No** esperes. Busca ayuda médica para tu hijo. Hazlo apenas pienses que tu hijo tiene asma.
- Con la ayuda de un médico, tu hijo puede tener una vida normal.

Los niños y el asma

¿Qué puedo hacer en casa?
- Haz las citas con el médico de tu hijo. Averigua si tu hijo tiene asma.
- Averigua cómo puedes mantenerlo bien.
- Debes tener un plan para cuidar de tu hijo.
- Lee este libro. Guárdalo donde puedas encontrarlo. Este libro te enseñará a ayudar a tu hijo.

¿Cuándo debería llamar al médico o la enfermera?
- Si piensas que tu hijo tiene asma, haz una cita. **No** esperes a que tu hijo se enferme.
- Llama para preguntar dónde puedes aprender más sobre el asma.
- Llama para saber si hay algún grupo de apoyo local para padres de niños que tienen asma.

El asma

¿De qué se trata?

El asma se presenta cuando se tapan las vías respiratorias de los pulmones y cuesta respirar. Es posible que tu hijo tosa y tenga sibilancias.

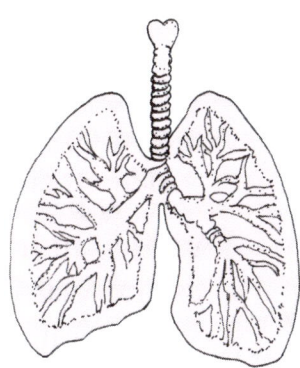

¿Qué debo saber?

El asma hace que ocurran 3 cosas:

- Hace que las vías respiratorias y los pulmones se enrojezcan y se inflamen.
- Hace que el moco tape las vías respiratorias. El moco es un líquido espeso que produce el cuerpo. Protege la nariz, la garganta y las vías respiratorias. Cuando un niño tiene asma, hay demasiado moco.
- Hace que los músculos que rodean las vías respiratorias se encojan y las aprieten. A esto se le llama "espasmo" o "broncoespasmo".

Cuando todo esto ocurre, el aire **no puede** entrar ni salir de los pulmones. Se siente como si trataras de respirar por un popote doblado a la mitad.

El asma

Es posible que el asma dé estas señales:

- Tu hijo tiene dificultad para respirar.
- Es posible que haga un sonido parecido a un silbido al respirar. A esto se le llama "sibilancia".
- Algunos niños dicen que les "duele" el pecho o que sienten "presión" en el pecho. Es posible que digan que sienten como si "alguien se les sentara encima del pecho".

Aunque tu hijo respire bien, es posible que tenga las vías respiratorias inflamadas y doloridas. (La palabra médica para vías respiratorias es "bronquios").

Tu médico puede darte un medicamento para ayudar a tu hijo a respirar.

El asma se puede controlar.

¿Qué debo tener presente?

- La causa de la dificultad para respirar es el enrojecimiento y la inflamación de las vías respiratorias.
- Las vías respiratorias están tapadas con moco.
- Los músculos se encogen alrededor de las vías respiratorias.
- Hay medicamentos que hacen que estas molestias se vayan. Hacen que las vías respiratorias estén menos encogidas para que tu hijo pueda respirar.

¿Qué puedo hacer en casa?

- Aprende sobre el asma. Averigua qué ocurre en los pulmones de tu hijo.
- Lee este libro para saber cómo puedes cuidar de tu hijo.

El asma

- Habla con tu familia sobre el asma de tu hijo.
- Haz las citas con el médico de tu hijo. El médico te dirá qué hacer por tu hijo.

¿Cuándo debería llamar al médico o la enfermera?

- Si piensas que tu hijo tiene asma, haz una cita para ir al médico.
- Llama cada vez que necesites saber más sobre el asma.

Las señales de asma

¿De qué se trata?

Las señales de asma son las cosas que tal vez veas cuando tu hijo tiene asma.

¿Qué debo saber?

Las señales principales de asma son:

- Sibilancias. Es el sonido parecido a un silbido que puedes escuchar en el pecho de tu hijo cuando sopla. A veces puedes oírlo cuando tu hijo respira.
- Dificultad para respirar o para respirar bien.
- Tos que no se va, como éstas:
  - Tos seca y áspera
  - Tos que **no** es sólo por un resfrío o gripe
  - Tos a media noche
  - Tos después de jugar mucho, corretear o practicar deportes

Las señales de asma

Es posible que tu hijo tenga asma aunque **no** tenga las señales principales de asma.

Otras señales de que tu hijo tal vez tenga asma:

- El pecho de tu hijo se siente estirado como un tambor.
- Respira rápido.
- Le cuesta trabajo respirar.
- Se cansa mucho.
- Le cuesta dormir.

Los niños menores de 5 años **no** siempre pueden contarte qué les ocurre. Si tu hijo tiene menos de 5 años, tendrás que observarlo más de cerca.

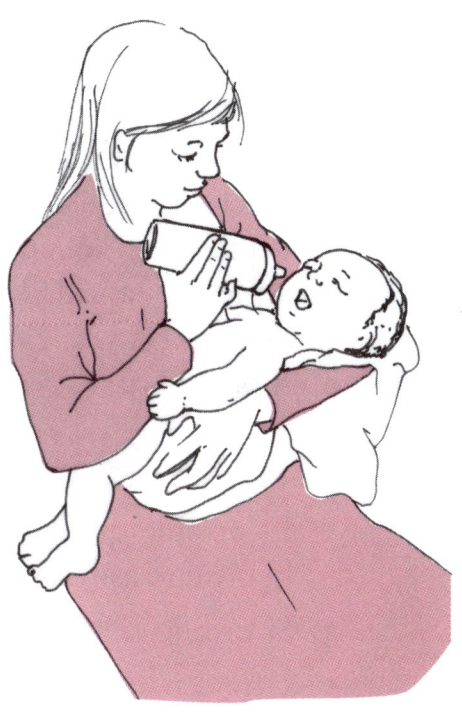

Señales de que un niño pequeño tiene asma:

- Respira rápido.
- Las fosas nasales están muy abiertas.
- No come o le cuesta comer. No puede mamar.
- Tiene la piel hundida entre las costillas.
- El llanto es corto y débil.
- Tiene la cara pálida.
- Tiene las puntas de los dedos azuladas.

Las señales de asma

Tu médico tal vez use un medicamento o una prueba respiratoria para ver si tu hijo tiene asma.

Un broncodilatador es un medicamento que relaja y abre las vías respiratorias. Si tu hijo mejora inmediatamente después de usar un broncodilatador, es posible que tenga asma.

Si tu hijo tiene 5 años o más, tu médico quizas usará un espirómetro para detectar el asma. El espirómetro es un aparato que mide la cantidad de aire que entra y sale de los pulmones.

¿Qué debo tener presente?

- Es posible que las sibilancias sean una señal de que tu hijo tiene asma.
- Si tu hijo siempre tiene tos, tal vez tenga asma.
- Otra señal es que tosa a media noche.
- La tos durante un juego intenso también es posible que sea una señal de que tu hijo tiene asma.
- Algunos niños tienen alergias. **No** todos los niños con alergias tienen asma. Tu médico te lo dirá.

Las señales de asma

- Si tu hijo tiene 5 años o más, tu médico quizas usará un espirómetro para ver si tiene asma.
- Sólo tu médico puede decirte si tu hijo tiene asma.

¿Qué puedo hacer en casa?

- Conoce las señales de asma.

¿Cuándo debería llamar al médico o la enfermera?

- Llama si piensas que tu hijo tiene asma.
- Llama si no sabes cómo cuidar a tu hijo.
- Cuando tu hijo tenga señales de asma, llama al médico de inmediato. Si **no puedes** encontrar a tu médico, llama al 911 o lleva a tu hijo a una sala de emergencias.

Los ataques de asma

¿De qué se trata?

Un ataque de asma occure cuando las primeras señales de asma de tu hijo empeoran.

¿Qué debo saber?

Un ataque de asma puede ocurrir de repente, sin aviso.

A veces hay señales de aviso. Es posible que tu hijo:
- Tenga un resfrío.
- Tosa más por la noche.
- Tenga más sibilancias por la noche.
- Juegue menos o deje de jugar del todo.
- Tenga la nariz tapada o que gotea.
- Esté más cansado que de costumbre.
- Respire más rápido de lo normal.

Fíjate que tan rápido respira tu hijo **antes** de tener un ataque de asma. Así sabrás cuándo respira más rápido de lo normal.

Hay 5 formas de saber si tu hijo está teniendo un fuerte ataque de asma. Si tu hijo presenta algunas de estas señales, **llama a tu médico de inmediato. Si no puedes encontrar al médico, llama al 911 o lleva a tu hijo a una sala de emergencias. Busca ayuda médica de inmediato.**

Los ataques de asma

1. ¿Tu hijo respira más rápido de lo normal? Demasiado rápido es:
   - **En bebés menores de 2 años:** más de 40 veces por minuto en reposo.
   - **En niños de 2 a 10 años:** más de 30 veces por minuto en reposo.
   - **En niños mayores de 10 años:** más de 20 veces por minuto en reposo.
2. ¿Se le hunde la piel entre las costillas o en la zona del cuello?
3. ¿Le falta el aire? ¿Tiene que respirar profundo mientras cuenta hasta 10? ¿Tiene dificultad para hablar?
4. ¿Tose sin parar?
5. ¿Tiene las puntas de los dedos y los labios azulados?

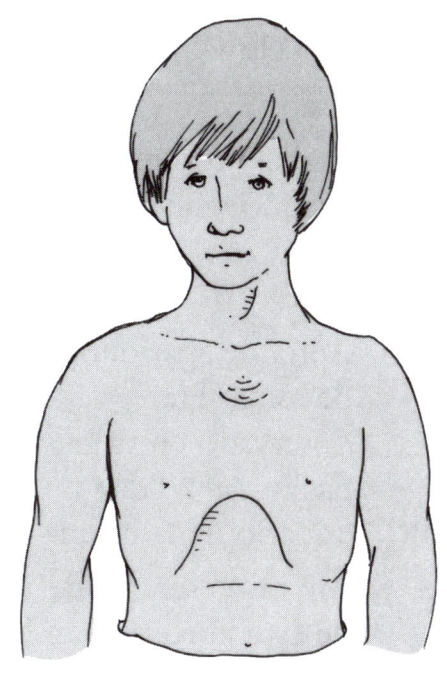

No todos los niños tienen las mismas señales de asma.

Tu médico te ayudará a controlar bien el asma de tu hijo. Con un buen control, los ataques de asma no ocurren tan seguido.

Los ataques de asma

¿Qué debo tener presente?

- **Un fuerte ataque de asma es una emergencia. Llama a tu médico de inmediato. Si no puedes encontrar al médico, llama al 911 o lleva a tu hijo a una sala de emergencias. No esperes.**
- Conoce las primeras señales de un ataque de asma.
- Usa este libro para revisar la lista de las primeras señales de un ataque de asma.
- Cuando veas las señales de un ataque de asma, dale a tu hijo el medicamento que tu médico te indicó.
- Trabaja con el médico de tu hijo para controlar el asma.
- Trabaja con el médico para parar los ataques de asma cuando ocurran.

¿Qué puedo hacer en casa?

- Aprende a reconocer cuando tu hijo tenga un ataque de asma. Haz una lista de las primeras señales que hayas observado en tu hijo. Pega esta lista donde puedas verla fácilmente. Trata de ponerla adentro de la puerta de un armario de la cocina o de pegarla en el refrigerador.
- Anota las señales de asma de tu hijo en la primera página de este libro. Revisa la lista cuando pienses que tu hijo podría estar teniendo un ataque de asma.
- Cuenta cuantas veces respira tu hijo cuando esté bien. Así sabrás qué es lo normal.
- Prepárate para cuidar a tu hijo durante un ataque de asma.

Los ataques de asma

- Dale a tu hijo los medicamentos que tu médico te indicó que le dieras.
- Anota los números de teléfono para pedir ayuda cuando tu hijo tenga un ataque de asma. pon los números en la portada de este libro.

¿Cuándo debería llamar al médico o la enfermera?

- Llama a tu médico cuando **no** estés seguro de que tu hijo esté teniendo un ataque de asma. Si **no puedes** encontrar a tu médico de inmediato, llama al 911 o lleva a tu hijo a una sala de emergencias.
- Llama si **no** estás seguro de cómo debes cuidar a tu hijo durante un ataque de asma.
- Llama en cualquier momento en que sientas que tu hijo **no** está bien y necesita ayuda médica.
- Cuando tu hijo tenga un fuerte ataque de asma, llama al 911 o llévalo a la sala de emergencias.

Cómo controlar el asma de tu hijo 2

Notas

Los factores que provocan el asma

¿De qué se trata?

Un factor es algo que provoca señales de asma en tu hijo.

¿Qué debo saber?

Los factores son las cosas que provocan que las vías respiratorias de tu hijo se enrojezcan y se inflamen. A esto se le llama "inflamación".

Deshacerse de los factores que provocan el asma ayudará a controlar el asma de tu hijo. Al evitar los factores que provocan el asma, es posible que tu hijo necesite menos medicamentos.

- **El aire frío** puede provocar el asma.
- **Un resfrío o la gripe** pueden provocar el asma.
- **El ejercicio** puede provocar el asma.
- **Los alérgenos** y otras cosas que están en el aire pueden provocar el asma.

Un alérgeno es algo que molesta a algunas personas, pero no a todas. Los alérgenos pueden causar inflamación en el cuerpo de tu hijo. A continuación podrás ver una lista de alérgenos.

Cuando tu hijo respira o come un alérgeno, es posible que tenga señales de alergia.

Los factores que provocan el asma

Algunas señales de alergia:
- Nariz que gotea
- Sarpullido
- Tos o estornudos
- Sibilancias
- Picazón en la nariz, los ojos o la piel
- Dificultad para respirar
- Labios o párpados inflamados

Los factores que provocan alérgias pueden hacer que tu hijo esté molesto, triste o inquieto.

Hay alérgenos de **interior** y de **exterior**.

Los alérgenos de **interior** (los que están adentro de tu casa) que pueden provocar el asma son:

- **Parásitos del polvo.** Los parásitos del polvo son más pequeños que la cabeza de un alfiler. **No** puedes verlos. Los parásitos del polvo viven en alfombras, colchones, almohadas y colchas. También están en el aire.

- **Caspa de mascotas.** La caspa de las mascotas no es pelo. Está formada por pequeñas células muertas de piel que sueltan los animales. La caspa flota por el aire y termina sobre los muebles. La caspa se mezcla con el polvo. **No** puedes verla. La baba y la orina de las mascotas también provocan el asma.

Los factores que provocan el asma

- **Moho.** El moho es un hongo que vive en lugares húmedos y mojados. También está en el aire y es fácil respirarlo. Está dentro de tu casa y en el exterior, así como en la escuela de tu hijo.
- **Cucarachas.** En el polvo de la casa hay excrementos y saliva de cucarachas.

Los alérgenos que están en el aire **exterior** (fuera de tu casa) que pueden provocar el asma son:

- **El polen** que sueltan los árboles, la maleza y el pasto en los meses de primavera y otoño.

- **El moho** de la tierra, el pasto y el aire causa síntomas principalmente en los meses de otoño.

Los **alimentos** también pueden ser alérgenos. Los alérgenos alimentarios tienen **menos** probabilidades de provocar el asma que los alérgenos que están en el aire.

Algunos alérgenos alimentarios:
- Cacahuates y otras clases de nuez
- Leche de vaca
- Clara de huevo
- Soja
- Trigo
- Pescado y mariscos
- Semillas de sésamo

Los factores que provocan el asma

Otras cosas que están en el aire pueden provocar el asma. A estos se les llama "irritantes".

Algunos irritantes que están en el aire y pueden provocar el asma:

- Humo de cigarrillos, cigarros o pipas
- Humo de chimeneas
- *Smog*
- Gases de fábricas
- Olores fuertes
- Aerosoles para el cabello o de limpieza

¿Qué debo tener presente?

- Busca las cosas que provocan el asma de tu hijo. Si conoces un factor, puedes hacer algo para deshacerte de él.
- Deshazte de los factores que provocan el asma para ayudar a que tu hijo se mantenga bien.

¿Qué puedo hacer en casa?

- Haz y hazle a tu familia estas preguntas. Anota las respuestas y muéstraselas a tu médico:
  - ¿Empeora el asma de tu hijo durante la semana cuando está en la escuela?
  - ¿Empeora el asma de tu hijo durante el clima frío o húmedo?
  - ¿Empeora el asma de tu hijo en la misma época todos los años?

Los factores que provocan el asma

- ¿Empeora el asma de tu hijo cuando juega con un perro o un gato?
- ¿Empeora el asma de tu hijo después de comer alguna clase de alimento?
- ¿Empeora el asma de tu hijo cuando juega o hace ejercicio?

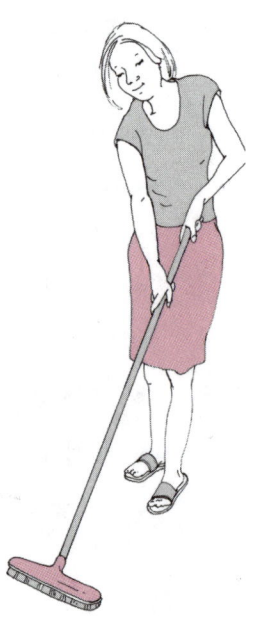

- Si puedes, pasa la aspiradora en tu casa todos los días.
- **No** permitas que nadie fume en tu casa, en tu auto o cerca de tu hijo.
- Trata de **no** tener mascotas en tu casa, al menos **no** en el dormitorio de tu hijo.
- Lávate las manos con frecuencia. También enséñale a tu hijo a lavarse las manos con frecuencia.

- Deshazte de los parásito del polvo:
  - Usa fundas de plástico hipoalergénicas con cierre para las almohadas y el colchón de tu hijo.
  - Pasa la aspiradora por la alfombra del dormitorio todos los días. Pasa la aspiradora por los muebles una vez por semana.
  - Lava la colcha con agua caliente una vez por semana. Déjala secar por completo.
  - **Sólo** compra juguetes de peluche que se puedan lavar. Déjalos secar antes de que tu hijo vuelva a jugar con ellos.

Los factores que provocan el asma

- Deshazte del moho:
  - Quita las alfombras que estén siempre húmedas o mojadas. Es mejor un piso duro y un tapete.
  - Repara las goteras de agua lo antes posible.
  - Limpia el moho de las superficies duras con agua y jabón. Déjalas secar.
  - **No** uses un vaporizador o humidificador en el dormitorio de tu hijo.
- Deshazte de las cucarachas: usa cebos o trampas para cucarachas. **No** dejes alimentos sobre la mesa de la cocina. Lleva la basura al tacho de basura. Mantén el tacho de basura tapado.
- **No** permitas que tu hijo comparta tazas, cucharas ni toallas con otros niños.
- Lava los juguetes de tu hijo. Usa agua y jabón. Puedes ponerle lejía (cloro) al agua. Mezcla 2 cucharadas de lejía con 8 tazas de agua.
- **No** uses velas aromáticas, desodorantes de ambiente ni aerosoles perfumados.
- Evita los alimentos que sepas que provocan el asma.
- Asegúrate de que tu hijo tome el medicamento que tu médico le indique.

¿Cuándo debería llamar al médico o la enfermera?

- Llama cuando no sepas qué hacer acerca de los factores que le provocan el asma a tu hijo

Los niveles de gravedad del asma

¿De qué se trata?

Los niveles de gravedad del asma describen diferentes clases de asma. El nivel de tu hijo te dice cuál es la gravedad del asma de tu hijo.

¿Qué debo saber?

Debes saber con qué frecuencia tu hijo tiene señales de asma y cuánto duran las señales. Cuéntale estos datos al médico de tu hijo. Esto ayudará a tu médico a comenzar un plan de tratamiento para tu hijo.

Tu médico hará preguntas para decidir si tu hijo tiene Asma intermitente o Asma persistente.

- Intermitente es cuando tu hijo tiene asma **sólo de vez en cuando**.
- Persistente es cuando tu hijo tiene asma **casi todo el tiempo**.

El Asma intermitente **no** se trata de la misma forma que el Asma persistente.

Tu médico te hará estas preguntas. Prepárate para responder todas las que puedas:

- ¿Cuántos días a la semana tu hijo tiene señales de asma?
- ¿Cuántas veces por mes se despierta por la noche con asma?

Los niveles de gravedad del asma

- ¿El asma obliga a tu hijo a dejar de jugar o de hacer ejercicio?
- ¿Cuántas veces necesita medicamentos para el asma?
- ¿Cuáles son los números de flujo de aire máximo de tu hijo? (Consulta "Medidor de flujo de aire máximo" en la página 34).

Asma intermitente

Éstas son algunas de las señales de que tu hijo podría tener Asma intermitente:

- Tiene señales de asma **no más de 2 veces por semana** durante el día.
- Necesita medicamentos de alivio rápido **no más de 2 veces por semana**.
- Se despierta por la noche **2 veces o menos por mes**.
- **No tuvo más de 1** ataque de asma durante el año pasado.

Tu médico le recetará un medicamento como el albuterol. (Consulta "Medicamentos de alivio rápido" en la página 56).

Asma persistente

Éstas son algunas de las señales de que tu hijo podría tener Asma persistente:

- Tiene señales de asma **más de 2** días por semana.
- Necesita medicamentos de alivio rápido para el asma **más de 2** veces por semana.
- Se despierta por la noche **más de 2** veces por mes.
- Tuvo **más de 1** ataque de asma durante el año pasado.

Los niveles de gravedad del asma

Si tu hijo tiene Asma persistente, tu médico decidirá si el Asma persistente de tu hijo es leve, moderada o grave.

Es posible que el asma leve, moderada y grave no se traten de la misma forma. (Consulta "Plan de acción contra el asma" en la página 44). Darle el medicamento tal como te diga el médico controlará el asma de tu hijo.

Un ataque de asma grave puede ocurrir en cualquier momento con cualquier niño.

Asma persistente leve:

- Lo que ocurre: Las señales de asma ocurren de 3 a 6 días por semana.
- Qué darle a tu hijo:
    - Medicamento de alivio rápido como el albuterol (Consulta "Medicamentos de alivio rápido" en la página 56).
    - Medicamento de control diario como un corticosteroide inhalado. (Consulta "Medicamentos de control: corticosteroides inhalados" en la página 59).

Asma persistente moderada:

- Lo que ocurre: Tu hijo tiene señales de asma todos los días.
- Qué darle a tu hijo:
    - Un medicamento de alivio rápido como el albuterol
    - Una dosis más alta de un corticosteroide inhalado diario o agregar otro medicamento de control (Consulta "Otros medicamentos de control" en la página 64).

Los niveles de gravedad del asma

Asma persistente grave:
- Tu hijo tiene señales de asma **todos los días**.
- Tu hijo **no puede** hacer actividades como jugar, ir a la escuela, correr o hacer mandados.
- Tu hijo usa un medicamento de alivio rápido varias veces al día.
- Es posible que tu médico te diga que lleves a tu hijo a un especialista en asma.

¿Qué debo tener presente?
- Hay varios niveles de asma, llamados Niveles de gravedad del asma.
- Cada nivel se trata de diferente manera.
- Tu médico sabrá cuál es el nivel de asma de tu hijo y la tratará.
- Tu médico te dirá qué medicamentos debes darle a tu hijo.

¿Qué puedo hacer en casa?
- Deshazte de los factores que provocan el asma que haya en tu casa.
- Observa con qué frecuencia tu hijo tiene señales de asma. Anota las respuestas a estas preguntas. Cuéntaselas al médico de tu hijo:
    - ¿Las señales de asma ocurren de día o de noche?
    - ¿Con qué frecuencia tu hijo tiene dificultad para respirar?
    - ¿Con qué frecuencia tu hijo necesita un medicamento de alivio rápido?

Los niveles de gravedad del asma

- Cuéntales a todas las personas que viven en tu casa que tu hijo tiene asma y qué hay que hacer al respecto. Cuéntaselo a las niñeras y a otros familiares también.
- Conoce cuál es el plan de tu médico acerca de cuándo tu hijo debe tomar los medicamentos. Haz una lista. ponla donde todos puedan verla.
- Enseña a toda tu familia a llamar al 911.

¿Cuándo debería llamar al médico o la enfermera?

- Llama cuando lo que estés haciendo por tu hijo no funcione.
- Llama si empeora el asma de tu hijo.
- Llama si **no** puedes darle a tu hijo el medicamento que el médico te dijo que le dieras.
- Llama si **no** tienes el medicamento que necesitas.
- ¿Debes llamar si tu hijo tiene un fuerte ataque de asma? Sí. Dale un medicamento de alivio rápido y llama a tu médico. ¿Qué ocurre si **no** puedes encontrar a tu médico y tu hijo no mejora? **Llama al 911** o lleva a tu hijo a la sala de emergencias.

El control del asma

¿De qué se trata?

El control del asma consiste en hacer las cosas que ayuden a prevenir los síntomas de asma y los ataques de asma. Un buen control significa menores ataques de asma o ninguno.

¿Qué debo saber?

Un buen control del asma servirá para prevenir mayores problemas para tu hijo. Ayudará a tu hijo a que los pulmones tengan un crecimiento normal. Un buen control es a lo que desea todo médico.

Un buen control del asma significa que:

- Las señales de asma aparecen **menos de 2** días por semana.
- Tu hijo se despierta por la noche **menos de 2** veces por mes.
- Tu hijo necesita albuterol **menos de 2** veces por semana, excepto cuando hace ejercicio.
- Tu hijo **puede** hacer ejercicio y practicar deportes.
- Tu hijo **no tiene más de 1** ataque de asma grave por año.

Si tu hijo tiene un buen control del asma, tu hijo:

- Dormirá toda la noche sin despertarse.
- Podrá seguirles el ritmo a otros niños.

El control del asma

- Jugará **sin** tener dificultad para respirar.
- **No** faltará a la escuela. (**Tú** no faltarás al trabajo).
- **No** tendrá que ir a la sala de emergencias por el asma.

Deberás trabajar de cerca con el médico de tu hijo para tener un buen control del asma.

¿Qué debo tener presente?

- Puedes controlar el asma de tu hijo.
- Deberás trabajar con el médico en un plan para tu hijo.
- Cuando el asma esté bien controlada, tu hijo tendrá una vida normal.
- Si el médico le da medicamentos de control a tu hijo, deberás usarlos **todos los días**. Las vías respiratorias de tu hijo aún están inflamadas, aunque **no** veas señales de asma.

¿Qué puedo hacer en casa?

- Mantén los factores que provocan el asma fuera de tu casa.
- Sigue el plan de cuidado para el asma de tu hijo.
- Dale a tu hijo el medicamento que el médico le recetó.

El control del asma

- Habla con toda tu familia sobre cómo controlar el asma de tu hijo.
- Enséñale a tu hijo qué es el asma. Ayúdalo a aprender a controlar el asma.

¿Cuándo debería llamar al médico o la enfermera?

- Llama cuando **no** puedas hacer lo que dice el plan contra el asma.
- Llama si piensas que tu hijo tiene un problema con las alergias.
- Llama si empeora el asma de tu hijo.
- Llama para saber qué hacer cuando tu hijo vaya a la escuela.
- Llama si tu familia quiere que le des a tu hijo un medicamento que el médico te dijo que **no** usaras.

Cómo planificar el cuidado del asma de tu hijo   3

Notas

Medidor de flujo de aire máximo

¿De qué se trata?

Un medidor de flujo de aire máximo es un instrumento. Te dice si tu hijo respira bien.

¿Qué debo saber?

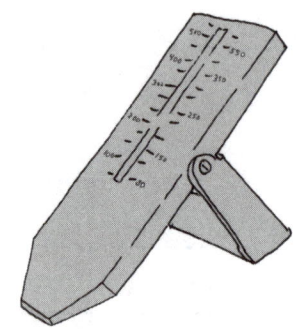

Un medidor de flujo de aire máximo te dice cuánto aire sopla tu hijo a la vez. Puedes usarlo en niños a partir de los 5 años de edad. El niño sostiene el medidor de flujo de aire máximo con la mano.

Muchos niños no pueden darse cuenta cuando tienen dificultad para respirar. Con un medidor de flujo de aire máximo puedes saber si tu hijo está teniendo dificultad para respirar. Luego puedes darle el medicamento de inmediato. Quizás no sea necesario que lo lleves a una sala de emergencias.

Tu hijo sopla en el medidor 3 veces. Tú anotas cada número que marca el puntero. Este número te indica cuánto aire soplo tu hijo.

El número más alto que anotes será el número que usarás en el Plan de acción contra el asma de tu hijo. (Consulta "Plan de acción contra el asma" en la página 44).

Medidor de flujo de aire máximo

Cómo se usa un medidor de flujo de aire máximo

Prepara lápiz y papel. Dile a tu hijo que se ponga de pie o se siente derecho.

1. Pídele a tu hijo que respire con la boca abierta. Dile que respire y sople. Pídele que respire todo el aire que pueda 2 veces.
2. Mueve el puntero del medidor de flujo de aire máximo a 0.
3. Pon la boquilla en posición horizontal sobre la lengua de tu hijo. Pídele a tu hijo que apriete los labios alrededor de la boquilla.
4. Dile que respire profundo. Después dile que sople lo más rápido y fuerte que pueda.
5. Fíjate en qué número se detiene el puntero.
6. Vuelve a mover el puntero a 0.
7. Espera 15 segundos.
8. Repite esto 2 veces más.
9. Anota el número más alto de estos 3 números. Ese es el mejor puntaje de tu hijo.

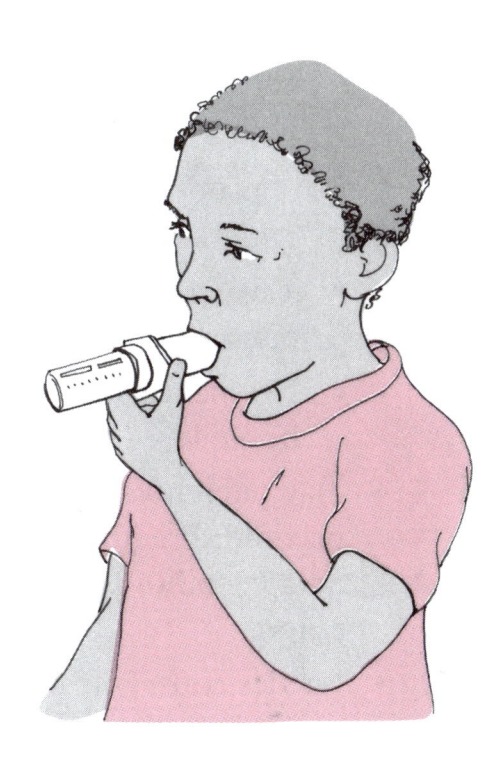

Medidor de flujo de aire máximo

¿Qué debo tener presente?

- El número de flujo de aire máximo puede decirte si las vías respiratorias de tu hijo se están cerrando. Puede decirte cuándo debes darle a tu hijo más medicamento.
- Tu médico te dirá cuál es **la mitad** del mejor número de flujo de aire máximo de tu hijo. Llama al médico si tu hijo **no** puede mover el puntero más allá de ese número.
- **No** obtendrás una lectura correcta si tu hijo:
  - Tiene goma de mascar en la boca.
  - Escupe o tose mientras sopla.
  - Pone la lengua sobre la boquilla.
  - Sopla demasiado despacio o no hace su mejor esfuerzo.
  - Tapa el hoyo o impide con los dedos que se mueva el puntero.
  - No mantiene los labios apretados alrededor de la boquilla.
- Hay diferentes clases de medidores de flujo de aire máximo. Pregúntale a tu médico cuál deberías usar. Para los niños pequeños es mejor un medidor de "bajo rango".
- Puedes conseguir un medidor de flujo de aire máximo en el consultorio del médico, en una clínica o en la farmacia. Asegúrate de que le enseñen a tu hijo a usar el medidor. Practica con tu hijo para asegurarte de que lo use correctamente.

Medidor de flujo de aire máximo

- Haz que tu hijo use el medidor mientras el médico lo observa. Pregunta si tu hijo lo hizo bien. Asegúrate de que tu hijo sepa usar bien el medidor antes de salir del consultorio del médico.

- **No** necesitas una receta para comprar un medidor de flujo de aire máximo. Pero pídele al farmacéutico que te ayude a elegir uno y que te enseñe a usarlo.

¿Qué puedo hacer en casa?

- Trata de usar el medidor de flujo de aire máximo a la misma hora todos los días.

- También úsalo cuando pienses que tu hijo está teniendo señales de asma.

- Debes observar cómo tu hijo usa el medidor de flujo de aire máximo hasta que cumpla 14 años. Asegúrate de que tu hijo use el medidor correctamente. Asegúrate de que tu hijo use el medidor 3 veces para obtener el número más alto.

- Enséñales a tus familiares a usar el medidor de flujo de aire máximo.

- Anota los números de flujo de aire máximo de tu hijo. Anota el **mejor** de los 3 números. Lleva los números de flujo de aire máximo que anotaste cuando vayas al médico de tu hijo.

- Mantén el medidor limpio. Una vez por semana, lava el exterior con agua tibia y déjalo secar al aire. **No** uses jabón.

Medidor de flujo de aire máximo

- Guarda el medidor de flujo de aire máximo de tu hijo en una bolsa de plástico con cierre ajustable.
- Guarda el medidor siempre en el mismo lugar. Así sabrás dónde está cuando lo necesites.
- Sería conveniente que tengas 2 medidores: 1 para usar en tu casa y 1 para usar en la escuela. Si usas 2 medidores, cómpralos de la misma marca.

¿Cuándo debería llamar al médico o la enfermera?

- Llama si **no** sabes usar un medidor de flujo de aire máximo.
- **Llama si tu hijo <u>no</u> puede mover el puntero del medidor más allá de la mitad de su mejor número. Si no puedes encontrar al médico, llama al 911 o lleva a tu hijo a la sala de emergencias. <u>No</u> esperes.**

El Mejor número personal de flujo de aire máximo

¿De qué se trata?

El Mejor número personal de flujo de aire máximo es el número más alto que alcanza tu hijo cuando usa un medidor de flujo de aire máximo durante 2 semanas. Sirve para saber cuánto aire respira y saca tu hijo en su mejor día.

¿Qué debo saber?

- Debes encontrar el Mejor número personal de flujo de aire máximo de tu hijo. Usa un medidor de flujo de aire máximo cuando tu hijo **no** tenga señales de asma.

- Usa el medidor 2 veces por día: una vez por la mañana y otra por la noche. Anota los números de flujo de aire máximo. (Consulta "Medidor de flujo de aire máximo" en la página 34).

- Repite esto durante 2 semanas. El número más alto que obtengas en las 2 semanas es el Mejor número personal de tu hijo.

- El Mejor número personal de flujo de aire máximo es importante. Es el **mejor** número que tu hijo alcanza en el medidor. Dile a tu médico cuál es este número.

- El Mejor número personal de tu hijo ayuda a tu médico a decidir qué medicamento para el asma darle a tu hijo y **cuándo** dárselo.

- El Mejor número personal de flujo de aire máximo aumentará a medida que tu hijo crece.

El Mejor número personal de flujo de aire máximo

- Obten el Mejor número personal de flujo de aire máximo cada 12 meses. Mídelo con más frecuencia si:
    - tu hijo tiene un crecimiento repentino O
    - empeora el asma.

¿Qué puedo hacer en casa?

- Aprende cómo debe usar tu hijo un medidor de flujo de aire máximo.
- Programa una hora por la mañana y otra por la noche para usar el medidor de flujo de aire máximo.
- Usa el medidor a la misma hora todos los días durante 2 semanas.
- Anota el día de la semana, la hora del día y el número de flujo de aire máximo.

¿Cuándo debería llamar al médico o la enfermera?

- Llama si **no** logras que tu hijo use el medidor de flujo de aire máximo.
- Llama para hacer una cita para hablar sobre el Mejor número personal del medidor de flujo de aire máximo de tu hijo.

Sistema de zonas de colores del medidor de flujo de aire máximo

¿De qué se trata?

El Sistema de zonas de colores del medidor de flujo de aire máximo es un plan contra el asma. Usa los colores del semáforo. Las zonas de colores te dirán qué hacer para el asma de tu hijo.

¿Qué debo saber?

Tu médico usará un Sistema de zonas de colores del medidor de flujo de aire máximo para decirte lo que tienes que hacer por tu hijo.

- La **zona de color verde** significa que el asma de tu hijo está bien controlada. Tu hijo **no** tiene señales de asma. Sigue dándole los medicamentos recetados.
- La **zona de color amarillo** significa que debes observar a tu hijo de cerca. Es posible que el asma de tu hijo **no** esté controlada. Tal vez el médico tenga que cambiar o agregar medicamentos.
- La **zona de color rojo** significa peligro. Es posible que debas ver a un médico de inmediato.

Tu médico anotará los números de tu hijo para cada zona de color. Los números se anotan debajo de "Mejor porcentaje personal de flujo de aire máximo". Compara el número del medidor de flujo de aire máximo de tu hijo con el número que anotó tu médico. Fíjate en qué zona de color está tu hijo.

Sistema de zonas de colores del medidor

Tu médico te dirá qué hacer cuando tu hijo esté en la zona verde, en la zona amarilla o en la zona roja. Esto te ayudará cuando cambie el número de flujo de aire máximo.

Sistema de zonas de colores de flujo de aire máximo
(Pídele a tu médico que anote los números de tu hijo).

Zona	Qué significa	Mejor porcentaje personal de flujo de aire máximo
Verde	Asma bien controlada	80% a 100% (el médico anota aquí) _____
Amarilla	Ataque de asma leve a moderado o el asma empeoró	50% a 80% (el médico anota aquí) _____
Roja	Ataque grave	Menos del 50% (el médico anota aquí) _____

Al usar las 3 zonas de colores, posiblemente el médico te diga:

- Cuando el número de flujo de aire máximo de tu hijo esté en la zona **verde**, sigue el mismo plan de tratamiento.
- Cuando el flujo de aire máximo esté en la zona **amarilla**, dale un medicamento de alivio rápido. Espera 10 minutos. Vuelva a medir el flujo de aire máximo. Si el número de flujo de aire máximo no vuelve a la zona verde, llama a tu médico.

Sistema de zonas de colores del medidor

- Si el flujo de aire máximo de tu hijo casi siempre está en la zona **amarilla**, llama a tu médico.
- Si el flujo de aire máximo está en la zona **roja**, dale un medicamento de alivio rápido. Llama a tu médico de inmediato. **Si no encuentras a tu médico, llama al 911 o lleva a tu hijo a la sala de emergencias.**

¿Cuándo debería llamar al médico o la enfermera?

- Llama si **no puedes** obtener el número de flujo de aire máximo de tu hijo.
- Llama si el flujo de aire máximo de tu hijo sigue estando en la zona amarilla después de darle el medicamento.
- Tu hijo casi siempre está en la zona de color amarillo.
- **Cuando tu hijo esté en la zona de color rojo, dale un medicamento de alivio rápido. Llama a tu médico de inmediato. Si no encuentras al médico, llama al 911 o lleva a tu hijo a la sala de emergencias.**

Plan de acción contra el asma

¿De qué se trata?

El Plan de acción contra el asma te dice qué hacer para el asma de tu hijo.

¿Qué debo saber?

El médico de tu hijo escribe el Plan de acción contra el asma. Si el médico **no** te da un plan, pídele uno.

Para niños menores de 5 años:

El médico usa las señales de asma de tu hijo para escribir el Plan de acción contra el asma.

Para niños a partir de los 5 años:

- Los mejores números personales del medidor de flujo de aire máximo
- Las señales de asma de tu hijo

El Plan de acción contra el asma te dirá:

- Las primeras señales de un problema de asma.
- Los números del medidor de flujo de aire máximo para cada zona de color (verde, amarilla y roja).
- Los medicamentos de control y cómo usarlos.
- Los medicamentos de alivio rápido y cómo usarlos.

El plan también te dirá los pasos que debes seguir en caso de un ataque de asma. Dirá cuándo llamar a tu médico y

Plan de acción contra el asma

cuándo buscar ayuda de emergencia. Incluirá los números de teléfono a los que debes llamar en caso de emergencia.

El Plan de acción contra el asma usa 3 zonas de colores. El número de flujo de aire máximo de tu hijo se ubicará en una de estas zonas de colores. (Consulta "Sistema de zonas de colores del medidor de flujo de aire máximo" en la página 41).

- **Zona de color verde:**
    - El flujo de aire máximo está entre el 80% y el 100% del Mejor flujo de aire máximo personal. Tu médico te dirá el número para la zona verde. Pídele a tu médico que lo anote en el cuadro de la página 47.
    - No hay señales de asma.
    - Medicamento de control diario y cuánto debes darle a tu hijo.
- **Zona de color amarillo:**
    - El flujo de aire máximo está entre el 50% y el 80% del Mejor flujo de aire máximo personal. Tu médico te dirá el número para la zona amarilla. Pídele a tu médico que lo anote en el cuadro de la página 47.
    - Las señales incluyen tos, sibilancias, presión en el pecho o despertarse por la noche con tos.
    - El niño está en la zona amarilla cuando necesita el medicamento de alivio rápido más de 2 veces por semana. **Tu hijo no debe usar el medicamento de alivio rápido todos los días.**
    - Dale a tu hijo un medicamento de alivio rápido y continúa con el medicamento de control.

Plan de acción contra el asma

- ■ **Llama al médico si las señales de asma no mejoran o no se mantienen mejor durante más de 1 día.**
- • **Zona de color rojo:**
  - ■ El flujo de aire máximo es menos del 50%. Tu médico te dirá el número para la zona roja. Pídele al médico que lo anote en el cuadro de la página 47.
  - ■ Tu hijo tiene señales de asma:
    - ♦ Tu hijo respira más rápido de lo normal.
    - ♦ Tiene la piel hundida entre las costillas o en la zona de la garganta.
    - ♦ Tiene dificultad para respirar y le cuesta hablar. No puede contar hasta 10 sin tomar aire.
    - ♦ Tose sin parar.
    - ♦ Tiene las uñas o los labios azulados.
  - ■ El medicamento de alivio rápido **no** ayuda.
  - ■ **Llama a tu médico de inmediato. Si no puedes encontrar al médico, llama al 911 o lleva a tu hijo a una sala de emergencias. No esperes.**

Cómo usar un Plan de acción contra el asma

- • Busca en qué zona de color está tu hijo:
  - ■ ¿Cuál es el número de flujo de aire máximo de tu hijo?
  - ■ ¿Tu hijo tiene señales de asma?
- • Identifica la zona de color de tu hijo para saber qué hacer.

Un Plan de acción contra el asma puede ser parecido al siguiente. Es posible que tu médico use un Plan de acción contra el asma que no sea igual. La mayoría de los planes usan zonas de colores y te dicen qué hacer por tu hijo.

Plan de acción contra el asma

Plan de acción contra el asma	
ZONA VERDE **AVANZAR** El flujo de aire máximo es de: _____ a _____ • La respiración está bien • No hay tos ni sibilancias • Puede correr y jugar • Duerme toda la noche	Toma estos medicamentos todos los días | El medicamento	Cuánto	Cada cuánto
---	---	---
			  Antes de hacer ejercicio _____
ZONA AMARILLA **PRECAUCIÓN** El flujo de aire máximo es de: _____ a _____ Si tiene alguna de estas señales: • Tos • Sibilancias • Presión en el pecho • Se despierta por la noche con tos	Agrega éstos y sigue tomando el medicamento de la zona verde | El medicamento	Cuánto	Cada cuánto
---	---	---
ZONA ROJA **PELIGRO** El flujo de aire máximo es menos de: _____ • El medicamento no ayuda • Respira rápido y con esfuerzo • Se marcan las costillas • No puede caminar • No puede hablar bien • Tose sin parar • Tiene las uñas o los labios azulados	¡Toma estos medicamentos y llama a tu médico ahora o llama al 911! | El medicamento	Cuánto	Cada cuánto
---	---	---

Plan de acción contra el asma

¿Qué debo tener presente?

El Plan de acción contra el asma de tu hijo:

- Te dirá cuál es la mejor forma de tratar el asma de tu hijo.
- Te dira qué hacer cuando el asma de tu hijo empeore.
- Te ayudará a tomar el control del asma de tu hijo.

¿Qué puedo hacer en casa?

- Asegúrate de que entiendes el Plan de acción contra el asma de tu hijo.
- Asegúrate de que todas las personas que cuidan de tu hijo entiendan el plan, **incluidas las niñeras**.
- Haz copias del Plan de acción contra el asma de tu hijo.
- Pon una copia del plan:
  - Cerca de la cama de tu hijo.
  - Donde guardes los medicamentos de tu hijo.
  - En la puerta del refrigerador.
  - Cerca del teléfono.
  - Dentro de tu auto.
- Lleva una copia del Plan de acción contra el asma cuando viajes.
- Lleva el Plan de acción contra el asma al médico o a la sala de emergencias.
- Asegúrate de que los maestros, la enfermera de la escuela, los entrenadores y otros líderes de grupo tengan una copia del plan.

Plan de acción contra el asma

- Identifica las primeras señales de asma de tu hijo. Presta atención a cosas como:
  - Cambios en la respiración.
  - Tos por la noche.
  - Falta de ganas de jugar.
  - Tos al jugar o reír.
  - Si dice que le duele el pecho o que se siente raro.
  - Si se despierta por la noche con sibilancias.
- Ayuda a tu hijo a aprender todo sobre su Plan de acción contra el asma. Asegúrate de que tu hijo siga su Plan de acción contra el asma. A medida que tu hijo crezca, enséñale a cuidar de su asma.
- Mantén los factores que provocan el asma lejos de tu casa y de otros lugares a los que vaya tu hijo.
- Haz una rutina para usar el medidor de flujo de aire máximo y darle el medicamento a tu hijo. Hazlo para **no** olvidarte de darle el medicamento. Hazlo aunque tu hijo se sienta bien. Hazlo para que tu hijo entienda que es lo que **debe** hacer.

¿Cuándo debería llamar al médico o la enfermera?

- Llama en cualquier momento en que **no** sepas qué hacer por tu hijo.
- Llama en cualquier momento en que **no puedas** darle el medicamento a tu hijo.
- Llama si tu hijo está en la zona amarilla con frecuencia.

Plan de acción contra el asma

- Llama a tu médico de inmediato cuando tu hijo esté en la zona roja. Dale a tu hijo el medicamento de alivio rápido. Si <u>no</u> encuentras a tu médico, llama al 911 o lleva a tu hijo a la sala de emergencias.

Los medicamentos para el asma de tu hijo 4

Notas

Medicamentos para el asma

¿De qué se trata?

Los medicamentos para el asma controlan y tratan el asma.

¿Qué debo saber?

Hay 3 tipos de medicamentos para el asma:

- De control
- De alivio rápido
- Esteroides orales

El Plan de acción contra el asma de tu hijo te dirá cuándo debes usar cada medicamento.

- **Medicamento de control:**
    - Úsalo todos los días.
    - Dáselo aunque **no** haya señales de asma.
    - Este medicamento reduce la inflamación de las vías respiratorias de tu hijo.
    - Ayuda a prevenir un ataque de asma.
    - Es posible que tarde varias semanas en empezar a actuar.
    - A este medicamento también se le llama: "antiinflamatorio", "a largo plazo" o "preventivo".

Medicamentos para el asma

- Consulta "Medicamentos de control: corticosteroides inhalados" en la página 59 y "Otros medicamentos de control" en la página 64.
- **Medicamento de alivio rápido:**
  - Úsalo cuando tu hijo tenga señales de asma.
  - Úsalo para prevenir las señales de asma durante el ejercicio.
  - Este medicamento relaja los músculos que rodean las vías respiratorias.
  - Tu hijo inhala, o respira, este medicamento.
  - Este medicamento actúa muy rápido. Debería ayudar a tu hijo en cuestión de minutos.
  - A este medicamento también se le llama medicamento de "rescate".
  - Consulta "Medicamentos de alivio rápido" en la página 56.
- **Esteroides orales:**
  - Los esteroides orales vienen en pastillas o en jarabe.
  - Reducen el enrojecimiento y la inflamación de los pulmones de tu hijo.
  - Úsalos por unos días cuando tu hijo tenga fuertes ataques de asma.
  - Es posible que tu hijo necesite esteroides orales durante más tiempo cuando otro medicamento no ayude.
  - Estos medicamentos pueden causar efectos secundarios dañinos si los usas durante semanas o meses.

Medicamentos para el asma

- El médico debe ver a tu hijo con frecuencia. Así podrá controlar los efectos secundarios. También se asegurará de que los esteroides orales estén dando resultado.
- Consulta "Esteroides orales" en la página 69.

Tu médico te dirá qué medicamento usar. El médico decide segun los síntomas y ataques de asma de tu hijo.

Tu médico decidirá si tu hijo tiene asma intermitente o persistente. (Consulta "Los niveles de gravedad del asma" en la página 24).

- Si tu hijo tiene asma intermitente, sólo necesitará medicamentos de alivio rápido.
- Si tu hijo tiene asma persistente, necesitará medicamentos de control. Usarás el medicamento de alivio rápido cuando sea necesario.

¿Qué debo tener presente?

- Un Plan de acción contra el asma te dice cómo controlar bien el asma de tu hijo.
- Trabaja con tu médico. Es importante que el médico sepa sobre el asma de tu hijo.
- Un Plan de acción contra el asma ayudará a detener los ataques de asma.
- Con un buen control, tu hijo tendrá menos ataques de asma.
- Con un buen control, tu hijo podrá hacer todo lo que hacen los demás niños.

Medicamentos para el asma

¿Qué puedo hacer en casa?

- Guarda todos los medicamentos de tu hijo en un solo lugar.
- Siempre debes tener suficientes medicamentos a mano.
- Conoce cada medicamento que tome tu hijo:
  - Nombre del medicamento
  - Para qué es el medicamento
  - Cómo actúa el medicamento
  - Cuándo darle el medicamento
  - Efectos secundarios del medicamento
  - Durante cuánto tiempo tomar el medicamento
- Dale los medicamentos diarios **a la misma hora** todos los días. Esperar demasiado podría causar señales de asma.
- Guarda todo lo que usas para darle el medicamento a tu hijo en un solo lugar.
- Asegúrate de que tu hijo sepa usar su inhalador correctamente.
- Cumple con todas las citas médicas.

¿Cuándo debería llamar al médico o la enfermera?

- Llama al médico si **no** entiendes el Plan de acción contra el asma de tu hijo.
- Llama si tu hijo **no** quiere tomar sus medicamentos.
- Llama cuando necesites una nueva receta para comprar el medicamento de tu hijo.
- Llama si el medicamento **no** parece ayudar a tu hijo.

Medicamentos de alivio rápido

¿De qué se trata?

Los medicamentos de alivio rápido actúan en cuestión de minutos. Relajan los músculos que rodean las vías respiratorias. Esto hace que tu hijo respire mejor. Los medicamentos de alivio rápido por lo regular ayudan cuando hay señales de asma y un ataque de asma.

¿Qué debo saber?

A los medicamentos de alivio rápido también se les llama medicamentos de "rescate". Úsalos cuando tu hijo tenga dificultad para respirar.

- Sólo debes darle el medicamento de alivio rápido cuando tu hijo lo necesite.

- Tu hijo debería sentirse mejor en 5 ó 10 minutos después de usar el medicamento.

- Tu hijo inhala el medicamento de alivio rápido. Esto quiere decir que lo respira para que llegue a los pulmones. Este medicamento actúa más rápido que una pastilla o un jarabe.

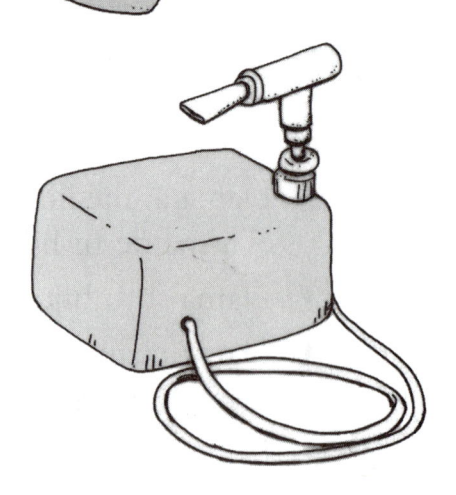

Medicamentos de alivio rápido

- A veces los medicamentos de alivio rápido se usan 15 a 20 minutos antes de hacer ejercicio. Ayudan a detener las señales de asma durante 2 a 4 horas.
- Los medicamentos de alivio rápido **no** tratan los pulmones inflamados.
- Se compran en la farmacia y vienen como un inhalador de dosis medidas o un líquido. El líquido se usa en un aparato llamado nebulizador.

Éstas son las marcas y el nombre común de los medicamentos de alivio rápido:

- ProAir® HFA (albuterol)
- Proventil® HFA (albuterol)
- Ventolin® HFA (albuterol)
- Xopenex® (levalbuterol)
- Maxair® (acetato de pirbuterol)

Los posibles efectos secundarios de los medicamentos de alivio rápido son:

- Nerviosismo
- Temblores
- Irritación en la garganta
- Taquicardia

¿Qué debo tener presente?

- El albuterol es el medicamento adecuado cuando tu hijo tiene un ataque de asma.

Medicamentos de alivio rápido

- El albuterol comenzará a hacer efecto en un lapso de 5 a 10 minutos.
- El albuterol seguirá actuando en el cuerpo durante 4 horas.
- Todas las marcas de albuterol actúan casi de la misma forma.
- ¿Qué sucede si tu hijo empieza a temblar o tiene taquicardia después de usar albuterol? Es posible que el médico le recete Xopenex®.

¿Qué debo hacer en casa?

- Asegúrate de tener una cantidad suficiente de medicamento de alivio rápido para tu casa y la escuela.
- Guarda el medicamento de alivio rápido en un lugar que sea fácil de encontrar.
- Sigue el Plan de acción contra el asma de tu hijo.
- **Nunca** le des más cantidad de medicamento de lo que tu médico te indicó que le dieras.

¿Cuándo debería llamar al médico o la enfermera?

- Llama para hablar sobre los efectos secundarios del medicamento que tenga tu hijo.
- Llama para conseguir una nueva receta del medicamento de alivio rápido.
- Llama al médico de tu hijo si el medicamento **no** ayuda.
- Llama para preguntar cómo se usa correctamente el medicamento de alivio rápido.

Medicamentos de control: corticosteroides inhalados

¿De qué se trata?

Los corticosteroides inhalados son medicamentos que se respiran. Reducen el enrojecimiento y la inflamación de las vías respiratorias y los pulmones. Por lo regular son los medicamentos de control de primera elección.

¿Qué debo saber?

Los corticosteroides inhalados son medicamentos de control. Se les conoce como ICS por sus siglas en inglés. También se les llama: "antiinflamatorios", "a largo plazo" y "preventivos".

Los corticosteroides inhalados (ICS) se usan para el asma persistente.

- Si tu hijo usa corticosteroides inhalados todos los días:
    - Las vías respiratorias **no** se inflamaran tanto.
    - Habrá menos moco en las vías respiratorias de tu hijo.
- Los corticosteroides inhalados pueden tardar entre 4 y 6 semanas en hacer su máximo efecto.
- Nunca uses los corticosteroides inhalados para alivio rápido.
- Usa los corticosteroides inhalados todos los días para mantener a tu hijo sin señales de asma.
- Los medicamentos inhalados van directamente a los pulmones. Tu hijo tendrá menos efectos secundarios con los corticosteroides inhalados que con una pastilla o un jarabe.

Medicamentos de control: corticosteroides inhalados

- Los corticosteroides inhalados ayudarán a que los pulmones de tu hijo crezcan normalmente.

Los corticosteroides inhalados se usan:

- Con un inhalador de dosis medidas (MDI, por sus siglas en inglés).
- Como un inhalador de polvo seco.
- Con un nebulizador.

Siempre debes usar un espaciador con un inhalador de dosis medidas. Un espaciador es un tubo de plástico que se pone en un inhalador. Ayuda a que tu hijo reciba la dosis completa del medicamento. Debes limpiar el espaciador una vez por semana. (Lee "Cómo se usa un espaciador" en la página 79).

Éstos son algunos corticosteroides inhalados:

- QVAR® (beclometasona)
- Pulmicort® (budesónida)
- Alvesco® (ciclesonida)
- Flovent® HFA (fluticasona)
- Asmanex® (mometasona)

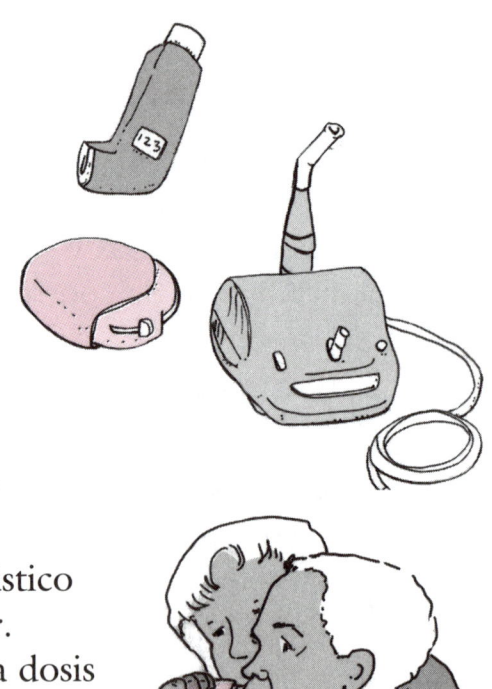

Medicamentos de control: corticosteroides inhalados

Los efectos secundarios de los corticosteroides inhalados **no** son frecuentes, pero pueden incluir:

- Voz ronca.
- Muguet, que es una infección en la boca y la garganta provocada por un hongo.

Después de usar el medicamento, siempre haz que tu hijo se enjuague la boca con agua y que la escupa. Esto puede ayudar a evitar el muguet.

Es posible que el crecimiento de tu hijo sea más lento durante el primer año de uso de corticosteroides inhalados. Esto **no** afectará la estatura que tendrá tu hijo cuando sea adulto. El asma que **no** está controlada también puede retrasar el crecimiento.

Los corticosteroides inhalados **no** son iguales a los esteroides que se usan para desarrollar los músculos.

¿Qué debo tener presente?

- Los corticosteroides inhalados son el mejor medicamento de control.
- Puedes darle a tu hijo los corticosteroides inhalados con un inhalador de dosis medidas, un inhalador de polvo seco o un nebulizador.
- Tu hijo debe usar los corticosteroides inhalados todos los días, aunque **no** tenga señales de asma.
- Los corticosteroides inhalados **no** paran un ataque de asma. Para un ataque de asma deberás usar un medicamento de alivio rápido. Asegúrate de tener siempre un medicamento de alivio rápido a mano.

Medicamentos de control: corticosteroides inhalados

¿Qué puedo hacer en casa?

- Aprende a usar un:
  - Inhalador de dosis medidas.
  - Espaciador con un inhalador de dosis medidas.
  - Nebulizador. (Consulta "Cómo se usa un nebulizador" en la página 89).
- Enseña a los demás miembros de la familia a usar los inhaladores.
- Haz una rutina diaria para que tu hijo use su medicamento. Dale el medicamento a tu hijo a la misma hora todos los días. De esta manera, no te olvidarás de dárselo. Y tu hijo sabrá a qué hora tiene que usar el medicamento.
- No regañes a tu hijo para que use su medicamento. Sé firme. Enséñale a usar el medicamento con naturalidad. De esta manera, tu hijo aprenderá que "así es como debe ser".
- Guarda los medicamentos en una caja de plástico. **No** los guardes en el baño o cerca del agua. El agua hace que el medicamento en polvo se endurezca como una roca.
  - Guarda los inhaladores de dosis medidas y los espaciadores con la tapa puesta.
  - Mantenlos en un lugar fresco y seco.
  - Guarda los medicamentos fuera del alcance de los niños pequeños.

Medicamentos de control: corticosteroides inhalados

¿Cuándo debería llamar al médico o la enfermera?

- Llama cuando **no** entiendas lo que el médico te dijo que hicieras con los medicamentos de tu hijo.
- Llama en cualquier momento si **no puedes** darle a tu hijo el medicamento que se indica en el Plan de acción contra el asma.
- Llama y dile al médico cuando tu hijo tenga efectos secundarios dañinos.
- Llama cuando necesites una nueva receta para comprar el medicamento.

Otros medicamentos de control

¿De qué se trata?

Tu hijo toma medicamentos de control todos los días, aunque **no** tenga señales de asma. Esta sección trata sobre los medicamentos de control que **no son** corticosteroides inhalados.

¿Qué debo saber?

Los medicamentos de control que se describen abajo pueden ayudar, pero **no** son de primera elección. Es posible que **no** den tanto resultado como los corticosteroides inhalados.

Modificadores de leucotrienos

Son pastillas que tu hijo puede comer. Para los niños pequeños, este medicamento viene en pastillas masticables o en polvo, que se puede rociar sobre la comida.

- Los modificadores de leucotrienos por lo regular se usan para el asma leve.
- Puedes usarlos en niños a partir de los 6 meses de vida.
- Son fáciles de dar a los niños pequeños porque pueden tomarlos por la boca.
- Estos medicamentos paran las señales de asma. También alivian los problemas nasales (de la nariz).
- Estos medicamentos se pueden dar **con** un corticosteroide inhalado.

Otros medicamentos de control

Algunos modificadores de leucotrienos son:
- Singulair® (montelukast)
- Accolate® (zafirlukast)

Posibles efectos secundarios:
- Dolor de cabeza
- Mareos
- Sarpullido
- Malestar estomacal
- Pesadillas

Agonistas beta de acción prolongada (LABA, por sus siglas en inglés)

Estos medicamentos relajan los músculos que rodean las vías respiratorias para mantenerlas abiertas. Vienen en forma de un inhalador de dosis medidas o un inhalador de polvo seco.

- Los LABA actúan durante 12 horas. A estos medicamentos se los llama "de acción prolongada".
- Como actúan durante mucho tiempo, pueden prevenir las señales de asma por la noche. Puedes usarlos para prevenir las señales de asma que causa el ejercicio.
- Estos medicamentos **no** están aprobados para niños menores de 4 años.
- **Debes** dar los LABA **con** un corticosteroide inhalado.
- **Nunca** uses los LABA para tratar un ataque de asma.

Algunas clases de agonistas beta de acción prolongada son:
- Serevent® (salmeterol)
- Foradil® (formoterol)

Otros medicamentos de control

Posibles efectos secundarios:
- Temblores
- Taquicardias
- Calambres musculares
- Dolor de cabeza

Algunos LABA vienen junto con un corticosteroide inhalado como un solo medicamento.
- Serevent® y fluticasona vienen juntos como Advair®
- Foradil® y budesónida vienen juntos como Symbicort®

Teofilina

La teofilina es un medicamento de control que **no** se usa con frecuencia. Viene en jarabe, pastillas o inyecciones.
- La teofilina puede actuar en el cuerpo durante 8 a 24 horas.
- A veces se da para controlar las señales de asma por la noche.

Algunas clases de teofilina son:
- Slobid®
- Theo-Dur®
- Uniphyl®

Estos medicamentos pueden causar efectos secundarios dañinos:
- Malestar estomacal
- Vómitos
- Taquicardia

Otros medicamentos de control

- Temblores
- Convulsiones

Llama a tu médico de inmediato para informar cualquier efecto secundario dañino. El médico deberá hacer análisis de sangre para ver qué cantidad de teofilina hay en la sangre.

¿Qué debo tener presente?

- Tu hijo toma medicamentos de control todos los días, aunque **no** tenga señales de asma.
- Los medicamentos de control sirven para prevenir las señales de asma.
- Algunos niños necesitan tomar más de un medicamento de control.

¿Qué debo hacer en casa?

- Conoce el medicamento que le das a tu hijo:
  - Nombre del medicamento
  - Aspecto del medicamento
  - A qué hora darle el medicamento
  - Cuánta cantidad darle del medicamento
  - Cómo darle el medicamento
  - Cuáles son los efectos secundarios
- Sigue el Plan de acción contra el asma de tu hijo.
- Debes estar atento a los efectos secundarios. Dejale saber a tu médico.

Otros medicamentos de control

- Debes tener a mano una cantidad suficiente de los medicamentos de tu hijo. Consigue nuevas recetas cuando sea necesario.

¿Cuándo debería llamar al médico o la enfermera?

- Llama al médico si el medicamento le produce efectos secundarios dañinos a tu hijo.
- Llama si empeora el asma de tu hijo.

Esteroides orales

¿De qué se trata?

Los esteroides orales son medicamentos que tratan las vías respiratorias inflamadas. Tu hijo los toma por la boca después de un ataque de asma grave. También es posible que uses esteroides orales cuando los medicamentos de control **no** dan resultado.

¿Qué debo saber?

Los esteroides orales son muy buenos para parar un ataque de asma.

- Cuando los usas correctamente, los esteroides orales pueden detener la inflamación rápidamente. Es posible que tarden entre 6 y 8 horas en comenzar a actuar.
- Puede que debas darle esteroides orales en grandes dosis durante 5 a 7 días.
- Debes dar la dosis más baja durante el menor tiempo posible. Sólo usa lo que sea necesario para controlar el asma. De esta manera, hay menos efectos secundarios.

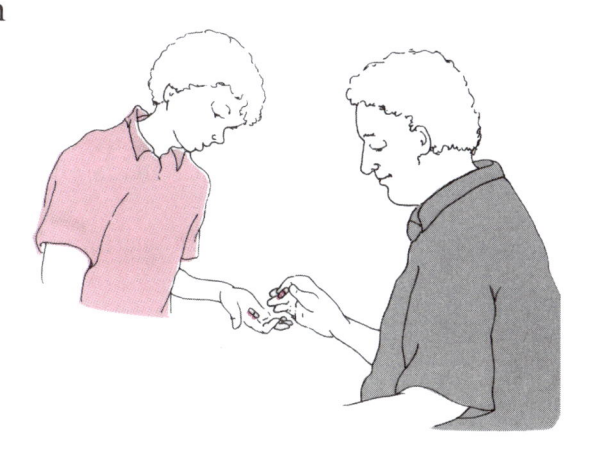

Esteroides orales

- Es posible que tu hijo necesite esteroides orales durante mucho tiempo si el medicamento de control **no** da resultado.
- A veces el médico puede decirte que "bajes" la dosis. Esto quiere decir que le des cada vez menos medicamento todos los días hasta dejar de dárselo.
- Estos **no** son los mismos esteroides que se usan para desarrollar los músculos.

Algunos ejemplos de esteroides orales son:

- Prednisone® (prednisona)
- Prelone® y Orapred® (prednisolona)
- Medrol® (prednisolona)
- Decadron® (dexamethasona)

Es posible que tu hijo tenga algunos efectos secundarios cuando tome esteroides orales durante 5 a 7 días. Pueden incluir:

- Comer más.
- Sentirse alterado, tener dificultad para quedarse quieto.
- Tener dificultad para dormir.

Cuando se usan esteroides orales durante semanas o meses, los efectos secundarios pueden incluir:

- Inflamación o aumento de peso.
- Retraso del crecimiento.
- Alta presión.
- Huesos frágiles.
- Problemas de la vista.

Esteroides orales

- Sarpullido tipo acné
- Problemas estomacales.

Si tu hijo tiene fuertes ataques de asma, es posible que los esteroides orales sean parte del Plan de acción contra el asma.

Si tu hijo necesita esteroides orales más de 1 vez por año, deberás llevar a tu hijo a un especialista en asma.

¿Qué debo tener presente?

- Los esteroides orales son medicamentos muy fuertes que por lo regular se usan para parar un ataque de asma.
- Los esteroides orales podrían evitar una visita a la sala de emergencias.
- Tal vez necesite esteroides orales durante más tiempo para los casos graves de asma.
- Si tu hijo toma esteroides orales durante semanas o meses, puede tener efectos secundarios dañinos.

¿Qué puedo hacer en casa?

- Asegúrate de darle a tu hijo la dosis correcta de esteroides orales.
- Asegúrate de darle el medicamento a tu hijo durante la cantidad de días que te indique tu médico.
- Debes darle esteroides orales por la mañana para que a tu hijo **no** le cueste irse a dormir.
- Dile a cada médico que vea a tu hijo que tu hijo toma esteroides orales para el asma.

Esteroides orales

¿Cuándo debería llamar al médico o la enfermera?

- Llama cuando empieces a usar esteroides orales como parte de tu Plan de acción contra el asma.
- Llama para hacer una visita al médico después de empezar con los esteroides orales.
- Dile al médico si tu hijo usó esteroides orales varias veces en el año.

Cómo ayudar a tu hijo a tomar los medicamentos 5

Notas

Inhaladores de dosis medidas

¿De qué se trata?

Se trata de un pequeño instrumento que contiene medicamento. Se presiona para que salga una dosis de medicamento en forma de aerosol. Tu hijo inhala el medicamento por la boca. Puedes usar un inhalador con un medicamento de control o con un medicamento de alivio rápido.

¿Qué debo saber?

Los medicamentos que se inhalan actúan mejor que los que se comen. El medicamento va directamente a los pulmones cuando tu hijo lo inhala. También hay menos efectos secundarios del medicamento y éste actúa más rápido.

Un inhalador de dosis medidas:

- Contiene el medicamento.
- Tiene un gas que permite que el medicamento salga del envase en forma de aerosol.
- Es un envase cerrado a presión, es decir, que el medicamento está comprimido en el interior.
- Tiene un medidor que le da a tu hijo la dosis justa del medicamento con cada bocanada.
- Puede viajar contigo cuando sales de casa.

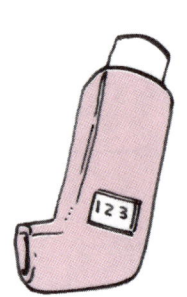

Inhaladores de dosis medidas

Es muy importante que sepas usar el inhalador de dosis medidas. Puedes pedirle al farmacéutico, a la enfermera o al médico que te enseñen a usarlo.

Cuando uses 2 inhaladores, siempre usa **primero** el inhalador de alivio rápido de manera que se abran los pulmones para recibir el medicamento de control. Espera 2 minutos antes de usar el otro inhalador.

Todos los niños deberían usar un espaciador que les ayude a recibir la dosis completa del medicamento. (Consulta "Cómo se usa un espaciador" en la página 79).

Cómo se usa un inhalador de dosis medidas:

Siempre sigue las instrucciones que vienen con tu inhalador.

1. Lávate las manos. Lava las manos de tu hijo.
2. Agita el inhalador firmemente 3 veces.
3. Quita la tapa. Asegúrate de que no haya nada en la boquilla.
4. Pídele a tu hijo que sostenga el inhalador en posición vertical. pon el dedo índice de tu hijo en la parte de arriba del inhalador. pon el pulgar de tu hijo en la parte de abajo del inhalador.

Inhaladores de dosis medidas

5. Inclina la cabeza de tu hijo hacia arriba. Haz que abra la boca. Si **no** usas un espaciador: Haz que tu hijo sostenga el inhalador de manera que apenas toque la boca abierta.

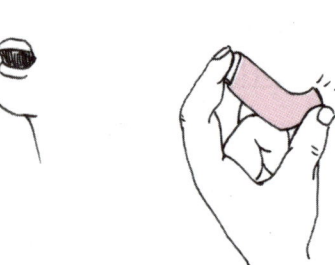

6. Pídele a tu hijo que presione 1 vez la parte de arriba del inhalador y que respire (inhale) lentamente.

7. Pídele a tu hijo que aguante la respiración durante 10 segundos. (Diez segundos es como contar hasta 10).

8. Dile a tu hijo que sople (exhale) lentamente.

9. Vuelve a poner la tapa a la boquilla para que se mantenga limpia y lista para usar.

10. Espera 1 minuto antes de dar otra dosis, si es necesario.

11. Si usaste corticosteroides inhalados (ICS), haz que tu hijo se enjuague la boca y que escupa.

¿Qué debo tener presente?

- Los medicamentos inhalados actúan mejor que los medicamentos que se comen.
- Tu hijo tendrá menos efectos secundarios con los medicamentos inhalados.
- Debes usar el inhalador correctamente para que el medicamento llegue bien a los pulmones.

Inhaladores de dosis medidas

- Tu hijo necesitará un espaciador al usar un medicamento inhalado si:
  - Es pequeño.
  - Le cuesta usar un inhalador.
  - Usa corticosteroides inhalados.
- Pídele a tu médico un espaciador.

¿Qué puedo hacer en casa?

- Aprende todo lo que puedas sobre el inhalador que va a usar tu hijo.
- Observa a tu hijo para asegurarte de que use correctamente el inhalador.
- Lleva un registro de cuánto medicamento hay en el inhalador de dosis medidas. Algunos consejos:
  - Pregúntale a tu farmacéutico cuándo necesitarás comprar más medicamento. Anota la fecha en el inhalador.
  - Usa un calendario para acordarte de cuándo necesitarás un nuevo inhalador.
  - Pregúntale al farmacéutico cuántas bocanadas hay en el inhalador. Divídelas por la cantidad de veces al día que usas el inhalador. Así sabrás cuántos días te durará el inhalador. Puedes pedirle ayuda a tu médico o farmacéutico para hacer este cálculo. Marca la fecha en tu calendario.
  - **No** uses un inhalador cuando tu hijo ya haya recibido todas las dosis. Tu hijo no recibirá la dosis correcta del medicamento.

Inhaladores de dosis medidas

- Si **no** estás seguro de que el inhalador aún tenga medicamento, compra uno nuevo.
- Pídele al médico que te dé una receta para 2 inhaladores. Antes de que se termine el primero, compra el segundo.

- Lava la boquilla del inhalador con agua y jabón suave, y déjala secar al aire. Hazlo todas las semanas.
- Guarda el inhalador en una bolsa de plástico limpia.
- Guárdalo siempre en el mismo lugar para que sepas dónde encontrarlo cuando lo necesites.
- Mantén el inhalador fuera del alcance de los niños pequeños.
- Lleva tus inhaladores cada vez que vayas al médico.

¿Cuándo debería llamar al médico o la enfermera?

- Llama al médico cuando necesites una receta para un inhalador.
- Llama si **no** estás seguro de cómo usar el inhalador.
- Llama si te parece que el inhalador **no** está ayudando con las señales de asma de tu hijo.
- Llama si necesitas ayuda para calcular cuántos días te durará el inhalador.
- Llama al médico si empeora el asma de tu hijo.

Cómo se usa un espaciador

¿De qué se trata?

Un espaciador es un tubo de plástico que se pone en un inhalador. Ayuda a que tu hijo reciba la dosis completa del medicamento. Puedes usar un espaciador con una mascarilla o con una boquilla.

¿Qué debo saber?

Debes poner el espaciador entre el inhalador y la boca de tu hijo. A veces se le llama "cámara de retención".

Un espaciador ayuda a que llegue más medicamento a los pulmones. Todos los niños deberían usar un espaciador. Ayudará a que te asegures de que tu hijo reciba la dosis completa.

Un espaciador:

- Evita que el medicamento se esparza por el aire alrededor de la boca y la cara de tu hijo.
- Retiene el medicamento para darle tiempo a tu hijo a que lo inhale lenta y profundamente.
- Evita que el medicamento haga contacto con el fondo de la garganta. El medicamento va directamente a los pulmones.

Cómo se usa un espaciador

Cómo se usa un espaciador con un inhalador

Siempre sigue las instrucciones que vienen en el envase.

- Lávate las manos. Lava las manos de tu hijo.
- Quita la tapa del inhalador.
- Pon la boquilla en la punta del espaciador.
- Agita las dos partes 3 veces.

Pídele a tu hijo que siga estos pasos:

1. Párate o siéntate lo más derecho que puedas.
2. Saca el aire
3. Usa una mano para sostener el espaciador y la otra mano para sostener el inhalador. Sostén el inhalador con el dedo índice arriba y el pulgar abajo.
4. Pon la boquilla en posición horizontal a la lengua.
5. Aprieta fuerte los labios alrededor de la boquilla.
6. Presiona una vez la parte de arriba del inhalador.
7. Inhala profundo y lentamente.
8. Aguanta la respiración durante 10 segundos. (Cuenta mentalmente hasta 10).
9. Retira la boquilla y respira normalmente.
10. Si necesitas una segunda bocanada, espera 1 minuto. Después repite los pasos del 4 al 9.
11. Vuelve a poner la tapa a la boquilla

Cómo se usa un espaciador

Cuando uses un inhalador con un niño pequeño:

- Sienta al niño en tus piernas. También puedes sentarte o pararte detrás del niño.
- Abrázalo para ayudarlo.
- Si el niño no puede aguantar la respiración, cuenta 6 respiraciones normales.

Cómo se limpia el espaciador

Limpia el espaciador una vez a la semana. Siempre debes limpiar el espaciador según las instrucciones. La mayoría de los espaciadores **no** se pueden lavar en el lavaplatos.

1. Separa el espaciador.
2. Metelo en agua tibia. Usa un poco de jabon para platos. Déjalo en remojo durante 10 minutos.
3. Enjuágalo con agua limpia.
4. Agítalo para escurrirlo.
5. Pon las piezas del espaciador sobre una toalla de papel para que se sequen. No las frotes para secarlas

Compra un nuevo espaciador cuando:

- El espaciador esté rajado o quebrado.
- Las piezas de hule estén duras, dobladas o quebradas.
- Se rompa cualquier pieza.
- Falte cualquier pieza.
- La capa que se forma adentro del espaciador no se quita al lavarlo.

Cómo se usa un espaciador

¿Qué debo tener presente?

- Un espaciador te asegurará que tu hijo reciba la dosis completa del medicamento.
- Todos los niños deberían usar un espaciador.
- Los bebés necesitarán una mascarilla **y** un espaciador.
- Una dosis es la cantidad que sale del inhalador cada vez que presionas la parte de arriba.
- Si el niño **no puede** aguantar la respiración, deja que respire normalmente 6 veces por cada dosis.

¿Qué puedo hacer en casa?

- Aprende a usar el inhalador con el espaciador. Asegúrate de que tu hijo lo use correctamente. Si no lo usa bien, tu hijo **no** recibirá la dosis completa del medicamento.
- Pídele a tu farmacéutico que te enseñe a darle el medicamento a tu hijo. Pregúntale si te puede mostrar imágenes o videos sobre cómo se usan el inhalador y el espaciador.
- Guarda todo en un solo lugar y déjalo listo para usar.
- Mantén limpio el espaciador.
- Cuando el espaciador de tu hijo esté desgastado o roto, compra uno nuevo.
- **Nunca** permitas que tu hijo use el espaciador ni el inhalador de otro niño.
- Haz citas de seguimiento con el médico. Cumple con las citas médicas.

Cómo se usa un espaciador

¿Cuándo debería llamar al médico o la enfermera?

- Llama si necesitas ayuda para aprender a usar el inhalador con el espaciador. Pídele al médico o a la enfermera que te enseñen a hacerlo. Tal vez tengan imágenes o videos que te ayuden. Haz que tu hijo le enseñe al médico cómo sabe usar el inhalador de dosis medidas con el espaciador.
- Llama al médico cuando te parezca que tu hijo **no** está recibiendo la dosis completa del medicamento.

Cómo se usa una mascarilla

¿De qué se trata?

La mascarilla debe cubrir la boca y la nariz de tu hijo. Ayuda a que los niños pequeños reciban una dosis completa del medicamento del inhalador.

¿Qué debo saber?

Es posible que los niños menores de 5 años deban usar un espaciador con una mascarilla para inhalar el medicamento.

- Un espaciador es un tubo que se pone entre el inhalador y la mascarilla.
- La mascarilla se pone sobre el espaciador.
- La mascarilla cubre la nariz y la boca de tu hijo. La mascarilla forma un cierre casi ajustado. El medicamento entra por la boca y pasa por la nariz hasta llegar a los pulmones.
- La mascarilla debe quedar **bien pegada** alrededor de la nariz y la boca de tu hijo. **No** debe quedar por encima del tabique de la nariz en contacto con los ojos. **Tampoco** debe quedar por debajo del mentón.

Cómo se usa una mascarilla

Cómo se usa un espaciador y mascarilla con un inhalador

Siempre sigue las instrucciones que vienen en el envase del inhalador, el espaciador y la mascarilla.

- Lávate las manos. Lava las manos de tu hijo.
- Haz que tu hijo se siente derecho.
- Quita la tapa del inhalador.
- Pon el inhalador en una punta del espaciador.
- Pon la mascarilla en la otra punta del espaciador.
- Agítalo 3 veces.

Cuando tu hijo use el inhalador con la mascarilla sin ayuda:

Pídele a tu hijo que siga estos pasos:

1. Pon la mascarilla sobre la nariz y la boca. Asegúrate de que quede bien ajustada. **No** sostengas la mascarilla alejada de la boca y la nariz. Si lo haces, **no** recibirás la dosis completa del medicamento.

2. Usa una mano para sostener el espaciador. Usa el dedo índice y el pulgar de la otra mano para sostener el inhalador.

3. Presiona una vez la parte de arriba del inhalador.

4. Respira normalmente 6 veces. O deja la mascarilla puesta y respira normalmente durante 20 a 30 segundos.

5. Retira la mascarilla y respira normalmente. **No** la retires hasta que hayas inhalado el medicamento.

Cómo se usa una mascarilla

6. Espera 1 minuto antes de aplicarte otra dosis. Sólo aplícate otra dosis si el médico te dijo que lo hicieras. Cada vez que presionas el inhalador sale una dosis.

7. Vuelve a poner la tapa a la boquilla.

8. Lávate la cara con agua tibia y jabon. Enjuágate la boca con agua.

9. Enjuaga la mascarilla con agua. Déjala secar al aire.

Cuando uses un inhalador con un niño pequeño que necesite tu ayuda:

Sienta al niño en tus piernas. También puedes sentarte o pararte detrás del niño. Abrázalo para ayudarlo.

1. Pon la mascarilla sobre la nariz y la boca del niño. Asegúrate de que quede bien ajustada.

2. Sostén la mascarilla en su lugar mientras tu hijo respira 6 veces. **No sostengas la mascarilla alejada de la boca y la nariz de tu hijo.** Si lo haces, tu hijo **no** recibirá la dosis completa del medicamento.

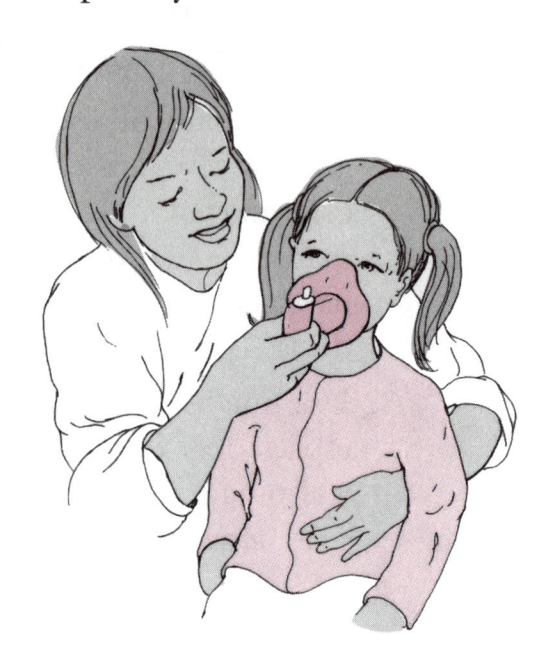

3. Retira la mascarilla.

4. Espera 1 minuto antes de dar otra dosis.

5. Lávale la cara a tu hijo con agua tibia y jabon. Si puedes, haz que tu hijo se enjuague la boca con agua.

Cómo se usa una mascarilla

¿Qué debo tener presente?

Las mascarillas sirven para que los bebés o niños pequeños reciban la dosis correcta del medicamento.

¿Qué puedo hacer en casa?

- Pregúntale al médico o farmacéutico qué mascarilla sería mejor para tu hijo. Las mascarillas vienen en tamaños especiales para bebés, niños pequeños y adultos. Algunas mascarillas para niños vienen en colores.

- Haz que tu hijo use la mascarilla. Deja que juegue con la mascarilla. Déjalo que le ponga la mascarilla a su juguete preferido, como un osito o una muñeca. Ponte la mascarilla para mostrarle cómo queda. Hacer estas cosas ayudará a que tu hijo pierda un poco el miedo.

- Inventa un juego al usar la mascarilla. Canta con tu hijo. Mira un video.

- Asegúrate de que la mascarilla quede bien ajustada alrededor de la nariz y la boca de tu hijo. Asegúrate de que **no** le cubra los ojos.

- Aprende a usar el inhalador con el espaciador y una mascarilla. Pídele al farmacéutico que te enseñe. Pregúntale si tiene imágenes o videos sobre cómo se usan la mascarilla, el espaciador y el inhalador.

- Lava la mascarilla todos los días con agua tibia y jabon. ponla sobre una toalla para dejarla secar al aire.

- Guarda todo lo que uses en un solo lugar y déjalo listo para usar.

Cómo se usa una mascarilla

- Debes saber cuándo necesitas un nuevo inhalador. Debes tener un nuevo inhalador listo para usar.
- Haz citas de seguimiento con el médico. Cumple con las citas médicas.

¿Cuándo debería llamar al médico o la enfermera?

- Llama si necesitas que te enseñen a darle el medicamento a tu hijo. Pregúntales si pueden enseñarte imágenes o videos sobre cómo se usan la mascarilla, el espaciador y el inhalador.
- Llama si tienes dificultad para usar el inhalador con el espaciador y la mascarilla.
- Llama cuando tengas que comprar otro inhalador.

Cómo se usa un nebulizador

¿De qué se trata?

Un nebulizador es un aparato que mezcla el aire con un medicamento líquido para formar vapor. Tu hijo inhala este vapor para que llegue a los pulmones.

¿Qué debo saber?

- Puedes usar un nebulizador para dar tanto medicamentos de alivio rápido como medicamentos de control.
- Darle el medicamento a un niño con un nebulizador lleva alrededor de 10 minutos.
- Los mejores nebulizadores para el asma son los que se llaman nebulizadores "a chorro".
- La mayoría de los nebulizadores se tienen que conectar y algunos funcionan con baterías. Algunos aparatos se pueden conectar en la toma para el encendedor en los autos.

Puedes usar un nebulizador:

- Con niños muy pequeños que tengan dificultad para usar un inhalador de dosis medidas.
- Cuando un niño tenga un ataque de asma.
- Cuando un niño tenga asma grave.

Cómo se usa un nebulizador

Siempre sigue las instrucciones que vienen con tu nebulizador.

Cómo se usa un nebulizador

Prepárate:

1. Pon el nebulizador sobre una mesa, cerca de un enchufe. Ponlo donde puedas alcanzar el boton para prenderlo/apagarlo. Ponlo en un lugar seguro.
2. Conecta el aparato.
3. Lávate las manos. Lava las manos de tu hijo.
4. Asegúrate de que tu hijo esté cómodo. Si usa pañales, asegúrate de que el pañal esté seco. Es mejor no usar el nebulizador cuando el niño está irritable o llorando.
5. Dale algo para que tu hijo se entretenga, por ejemplo, un libro, un juguete o una muñeca.
6. Mide la dosis del medicamento. Ponla en el vaso nebulizador. Enrosca bien la tapa o aprietala.
7. Conecta la parte de arriba del vaso nebulizador con la mascarilla o boquilla.
8. Conecta la manguera al aparato y al vaso nebulizador.
9. Prende el nebulizador.

Dale el medicamento:

1. Asegúrate de que salga vapor por la mascarilla o boquilla.
2. Siéntate en una silla y sostén a tu hijo. Si el niño es más grande puede sentarse solo en una silla.
3. **Si usas una mascarilla:** Pon la mascarilla sobre

Cómo se usa un nebulizador

la nariz y la boca de tu hijo. Asegúrate de que quede bien ajustada alrededor de la nariz y la boca. Asegúrate de que **no** le cubra los ojos. **No** sostengas la mascarilla alejada de la boca y la nariz. Tu hijo **no** recibirá la dosis completa del medicamento.

Si usas una boquilla: Ponla entre los dientes del niño y dile que la apriete bien con los labios.

4. Haz que tu hijo mantenga la cabeza levantada y respire profundo y lentamente por la boca. Haz que siga respirando hasta que se termine el medicamento.

5. Deja de nebulizar si tu hijo vomita o tiene un ataque de tos. Apaga el aparato. Deja que tu hijo descanse unos minutos. Luego vuelve a prender el nebulizador.

6. Apaga el aparato cuando se termine el medicamento.

7. Haz que tu hijo respire profundo varias veces. Tal vez tenga la necesidad de toser o usar un pañuelo.

8. Lávate las manos con agua tibia y jabón.

9. Haz que tu hijo se lave las manos.

10. Dile a tu hijo que se enjuague la boca con agua y que la escupa. De esta manera, se irá el medicamento que quede en la boca.

11. Lávale la cara a tu hijo o límpiala con un paño.

Cómo se cuida el aparato

Sigue las instrucciones que vienen con el aparato. No todos los nebulizadores se pueden limpiar de la misma forma. Siempre desconecta el aparato antes de limpiarlo.

Cómo se usa un nebulizador

Después de cada uso:
- Enjuaga el vaso nebulizador con agua tibia. Déjalo secar. Si el vaso sólo se debe usar una vez, tíralo a la basura.
- Limpia el aparato con un trapo limpio y húmedo.

Al final de cada día:
- Lava el vaso, la mascarilla y la boquilla con agua tibia y jabon. Usa jabon para platos. Agítalo para escurrir el agua.
- Pon las piezas sobre una toalla de papel para que se sequen al aire. O vuelve a ponerlas en el aparato. Prende el aparato durante unos minutos para que las piezas se sequen rápidamente.
- Cubre el aparato con un trapo limpio. **No** dejes el aparato en el piso.

Cada 3 días:
- Limpia el aparato:
  - Usa la mezcla de limpieza que se indica en las instrucciones del aparato.
  - O usa esta solución: mezcla ½ taza de vinagre blanco con 1 taza y ½ de agua. Déjalo remojando durante 1 hora. Enjuágalo con agua. Agítalo para escurrirlo. Pon las piezas sobre una toalla de papel para que se sequen.
- Asegúrate de que la manguera y la mascarilla estén secas antes de ponerlas en una bolsa de plástico.

Cada 6 meses:
- Reemplaza el vaso y la manguera.
- Cambia el filtro. O cambia el filtro segun se indique en las instrucciones.

Cómo se usa un nebulizador

¿Qué debo tener presente?

- Un nebulizador es la mejor forma de darle un medicamento a un niño muy pequeño. La mejor hora para hacerlo es cuando tu hijo está tranquilo o durmiendo. Cuando esté irritable, espera un rato antes de usar el nebulizador.

- Usa un nebulizador si tu hijo tiene dificultad para usar un inhalador de dosis medidas.

- Un nebulizador es la mejor forma de darle el medicamento a tu hijo cuando tiene un ataque de asma.

- Debes usar el aparato correctamente para que tu hijo reciba la dosis completa del medicamento.

- **No** sostengas la mascarilla alejada de la cara. Si lo haces, tu hijo **no** recibirá el medicamento. La mascarilla debe quedar bien ajustada alrededor de la boca y la nariz. Asegúrate de que **no** le cubra los ojos.

- Pídele a la persona que lleva el nebulizador a tu casa que te enseñe a usarlo.

- Cosas para hacer con tu hijo mientras usa el nebulizador:
    - Sienta al niño en tus piernas.
    - Comparte este tiempo con todos tus hijos. Haz que todos se sienten contigo.
    - Léeles un cuento.

Cómo se usa un nebulizador

- Cántale a tu hijo.
- Miren juntos su dibujo animado preferido.

¿Qué puedo hacer en casa?

- Guarda todos los papeles e instrucciones que vengan con el nebulizador. Guárdalos donde puedas encontrarlos. Busca el número de teléfono al que debes llamar si el aparato no funciona. Mantén ese número de teléfono a mano.
- Deja que tu bebé o niño pequeño juegue con la mascarilla.
- Verifica todas las mangueras en cualquier momento en que el aparato no funcione. Asegúrate de que estén bien conectadas y que **no** estén dobladas.
- Mantén limpio el aparato. De esta manera, evitarás que tu hijo se enferme con una infección.
- Guarda los medicamentos en un lugar fresco y seco. Si un medicamento cambia de color o se cristaliza, tíralo a la basura.
- Siempre debes tener un vaso nebulizador y una mascarilla adicionales en caso de que los necesites.

¿Cuándo debería llamar al médico o la enfermera?

- Llama en cualquier momento en que **no puedas** darle el medicamento a tu hijo con el nebulizador.
- Llama si tu nebulizador **no** funciona, y no sabes qué hacer por tu hijo.
- Llama si piensas que el medicamento **no** está ayudando a tu hijo.

Inhaladores de polvo seco

¿De qué se trata?

Los inhaladores de polvo seco contienen un medicamento en polvo fino. Tu hijo inhala este medicamento.

¿Qué debo saber?

El inhalador contiene el medicamento de polvo seco. Puedes usar un inhalador de polvo seco para dar tanto medicamentos de alivio rápido como medicamentos de control. La mayoría de los niños a partir de los 4 años pueden usar un inhalador de polvo seco. Funciona así:

- Tu hijo sostiene el inhalador con la mano.
- Pon el inhalador en la boca.
- Tu hijo respira profundo y rápido.
- El aire lleva el medicamento a los pulmones.
- Llega la dosis correcta del medicamento a los pulmones.

Los inhaladores de polvo seco son pequeños. Puedes llevarlos contigo a cualquier parte. Vienen en varios tamaños y formas. **No** es necesario usar un espaciador ni una mascarilla. Y **no** tienes que agitar ni preparar el inhalador.

Inhaladores de polvo seco

Hay 3 tipos de inhaladores de polvo seco:

- Inhalador de polvo seco en forma de tubo. Pulmicort Flexhaler® (budesónida)
- Inhalador en tubo de monodosis (una sola dosis). Foradil® (formoterol)
- Inhalador de polvo seco en forma de disco. Flovent Diskus® (fluticasona)

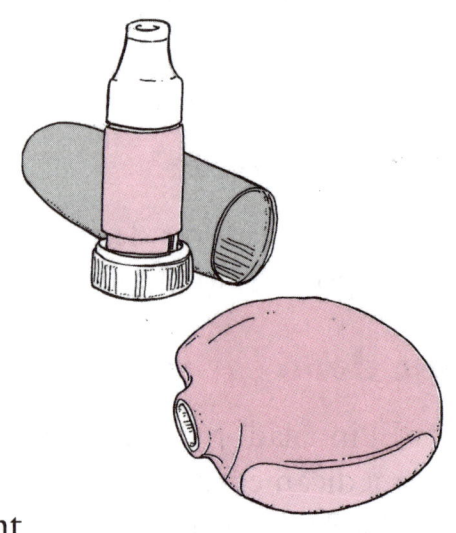

Es muy importante que sepas usar el inhalador. Puedes pedirle al farmacéutico, a la enfermera o al médico que les enseñen a ti y a tu hijo a usarlo.

Algunos inhaladores ya vienen con el medicamento en su interior. En otros, tú tienes que poner el medicamento antes de usarlos. En los inhaladores de monodosis, tienes que ponerles el medicamento cada vez que los uses.

Cómo se usa un inhalador de polvo seco en niños a partir de los 4 años:

Siempre sigue las instrucciones que vienen con tu inhalador.

1. Lávate las manos. Lava las manos de tu hijo.
2. Revisa la boquilla para ver si está sucia o tiene medicamento seco. Si es necesario, límpiala.
3. Haz que tu hijo sople todo el aire que pueda.

Inhaladores de polvo seco

4. Mantén el inhalador en posición horizontal y sigue las instrucciones para accionarlo.

5. Haz que tu hijo respire profundo y rápido para que el polvo llegue a los pulmones. Pídele a tu hijo que aguante la respiración durante 10 segundos. (Cuenta hasta 10).

6. Aleja el inhalador.

7. Haz que tu hijo respire normalmente.

8. Espera 10 segundos antes de darle una segunda dosis, si es necesario.

9. Vuelve a poner la tapa a la boquilla

¿Qué debo tener presente?

- El inhalador de polvo seco se debe usar correctamente para que se reciba la dosis completa del medicamento.

- **No** es necesario agitar ni preparar el inhalador antes de usarlo.

- Para usar el inhalador, dile a tu hijo que:
  - Sople.
  - Ponga el inhalador en la boca.
  - Respire profundo y rápido. Aguante la respiración durante 10 segundos.

Inhaladores de polvo seco

- El medicamento entra en los pulmones cuando tu hijo respira profundo.
- Siempre mantén el inhalador de polvo seco en posición horizontal, **no** vertical.

¿Qué puedo hacer en casa?

- Asegúrate de que tu hijo sepa usar el inhalador.
- Lleva un registro de cuánto medicamento hay en el inhalador.
    - Algunos inhaladores cuentan las dosis. De esta manera, es fácil saber cuántas dosis quedan.
    - Pregúntale al farmacéutico cuánto tiempo le durará el inhalador a tu hijo.
- Compra otro **antes** de que el inhalador de tu hijo esté vacío.
- Si tu hijo usa más de un inhalador, marcalos. Así sabrás cuál usar y cuándo.
- Observa a tu hijo para asegurarte de que use correctamente el inhalador. Tal vez tengas que ayudarle.
- Guarda el inhalador en una bolsa de plástico limpia. Mantenlo en un lugar fresco y seco. **No** lo guardes en un lugar húmedo como el baño. La humedad puede hacer que el medicamento se apelmace.
- Limpia la boquilla. **No** laves tu inhalador de polvo seco.

Inhaladores de polvo seco

- **No** uses el inhalador después de la fecha de vencimiento o la fecha del envase donde se indica *"use before"* (usar antes de).
- Lleva el inhalador y todos los medicamentos de tu hijo cuando vayan al médico.

¿Cuándo debería llamar al médico o la enfermera?

- Llama si **no** estás seguro de cómo usar el inhalador.
- Llama si el inhalador **no** está ayudando con las señales de asma de tu hijo.
- Llama cuando necesites una receta para comprar un nuevo inhalador.

La salud de tu hijo 6

Notas

Los beneficios del ejercicio

¿De qué se trata?

El ejercicio es bueno para tu hijo. Es importante para fortalecer los pulmones y puede mejorar el asma de tu hijo.

¿Qué debo saber?

- Tu hijo necesita ejercicio. El ejercicio desarrolla los músculos, ayuda a que crezcan los pulmones, hace que tu hijo se sienta bien y sirve para controlar el peso.
- El ejercicio es parte de tu plan para cuidar de tu hijo. Ayudará a tu hijo a hacer todo lo que hacen los demás niños.
- **No** permitas que tu hijo haga ejercicio cuando tenga señales de asma.
- El ejercicio puede provocar el asma. (Consulta "Cuando el ejercicio provoca el asma" en la página 106).
- Puedes tomar el control del asma de tu hijo para que pueda hacer ejercicio.

Los beneficios del ejercicio

- Éstas son algunas de las formas importantes en las que el ejercicio ayudará a tu hijo:
  - Tu hijo podrá hacer lo que hacen los demás niños.
  - El ejercicio ayudará a tu hijo a mantenerse saludable.
  - Tu hijo **no** faltará a la escuela.
  - Tu hijo podrá tener una vida normal.
  - Tal vez necesite menos medicamentos.
  - Tu hijo **no** tendrá que ir seguido a la sala de emergencias.
- Tu hijo debería hacer de 15 a 30 minutos de ejercicio 5 días a la semana.
- El médico tal vez te diga que le des albuterol antes de que tu hijo haga ejercicio para prevenir las señales de asma.
- Tu hijo no debería tener **ningún** signo de asma antes de empezar a hacer ejercicio.
- Tu hijo **no** debería hacer ejercicio al aire libre si hay *smog* o humo en el aire.
- Tu hijo debería entrar en calor antes de hacer ejercicio. ejercicio de estiramiento , trotar y correr rápido a distancias cortas son todas buenas opciones.

103

Los beneficios del ejercicio

¿Qué debo tener presente?

- Tu hijo necesita hacer ejercicio. El ejercicio desarrolla los músculos, ayuda a que crezcan los pulmones y hace que tu hijo se sienta bien.
- El ejercicio es parte del plan para cuidar de tu hijo.
- El ejercicio ayudará a tu hijo a hacer todo lo que hacen los demás niños.
- Puedes tomar el control del asma de tu hijo para que pueda hacer ejercicio.

¿Qué puedo hacer en casa?

- Asegúrate de que tu hijo pueda respirar bien por la nariz. Es importante que mantenga la boca cerrada para que el aire pase por la nariz. De esta manera, el aire se entibia y humedece. Ayuda a tu hijo a sonarse la nariz y mantenerla limpia.
- Enséñale a respirar por la nariz mientras hace ejercicio.
- **No** permitas que tu hijo empiece a hacer ejercicio si tiene tos o sibilancias. No tendría que tener moco ni hacer ruido al respirar.
- **No** permitas que tu hijo haga ejercicio al aire libre cuando haya mucho *smog*. **No** permitas que haga ejercicio al aire libre si hace mucho frío o mucho calor. Busca algún lugar cerrado donde tu hijo pueda hacer ejercicio.

Los beneficios del ejercicio

- Prepara un plan para que tu hijo haga ejercicio todo el año.
- Habla con los maestros de tu hijo acerca del ejercicio para tu hijo.
- Haz planes para los momentos en que tu hijo vaya a algún lugar donde haga ejercicio, por ejemplo, fiestas, campamentos, excursiones, parques, patios de recreo y gimnasios.

¿Cuándo debería llamar al médico o la enfermera?

- Llama para hablar sobre el ejercicio para tu hijo. Pregunta:
    - ¿Cuánto ejercicio debería hacer mi hijo?
    - ¿Cómo puedo ayudar a mi hijo a hacer ejercicio?
- Llama antes de que tu hijo empiece un deporte.
- Llama cuando tu hijo tenga dificultad para hacer ejercicio.
- Llama si tu hijo tiene que dejar de hacer ejercicio.
- Llama si el ejercicio le provoca un ataque de asma.
- Llama si estás haciendo todo lo que el médico te indicó y tu hijo **sigue** teniendo dificultad para hacer ejercicio.

Cuando el ejercicio provoca el asma

¿De qué se trata?

A veces hacer ejercicio provoca las señales de asma. A esto se le llama "Asma inducida por el ejercicio" o "EIA" por sus siglas en inglés.

¿Qué debo saber?

El médico te dirá si tu hijo tiene EIA.

Si tiene EIA, tu hijo tiene señales de asma después de hacer ejercicio o de jugar activamente durante 5 a 10 minutos o más. Es posible que tu hijo también tenga señales de asma después de dejar de hacer ejercicio o de jugar. Las señales de asma por lo regular se van 30 minutos después de haber dejado de hacer ejercicio o de jugar.

Éstas son algunas señales de EIA:

- Tos
- Sibilancias
- Dolor o presión en el pecho
- Dificultad para respirar o no puede recuperar el aliento
- Se cansa más que los demás niños
- Las señales de asma aparecen al hacer ejercicio intenso

Cuando el ejercicio provoca el asma

Algunas cosas pueden empeorar el EIA, entre ellas:
- El clima frío
- El aire seco
- El *smog* o el humo
- Estar resfriado
- Las sustancias químicas como el cloro de una piscina
- El polen

El EIA aparece porque tu hijo respira de forma diferente cuando hace ejercicio:

- Cuando **no** hace ejercicio, tu hijo respira por la nariz. Al pasar por la nariz, el aire se humedece (moja) antes de llegar a los pulmones. Esto ayuda a que tu hijo respire bien.

- Cuando hace ejercicio, tu hijo respira con la boca abierta. El aire está frío y seco. El aire frío y seco encoge y aprietan las vías respiratorias. Esto hace que le cueste más respirar.

Hay algunos ejercicios con menos probabilidades de provocar señales de asma que correr, por ejemplo:
- Caminar
- Andar en bicicleta
- Nadar

Tu médico te dirá que le des albuterol a tu hijo antes de que haga ejercicio. El albuterol es un medicamento de alivio rápido que tu hijo usa 15 minutos antes de hacer ejercicio y previene las señales de asma durante 3 horas.

Cuando el ejercicio provoca el asma

- Debes tener un inhalador de albuterol en tu casa y en la escuela.
- Si tu hijo usa un espaciador, deja uno en la escuela también.
- Asegúrate de que tu hijo "entre en calor" antes de hacer ejercicio. Algunas buenas opciones para entrar en calor son los ejercicios de estiramiento, la caminata y las carreras cortas.
- Asegúrate de que tu hijo baje la intensidad lentamente después de hacer ejercicio. Debe bajar el ritmo y descansar.

El ejercicio es importante para **todos** los niños, incluidos los niños asmáticos. El ejercicio ayuda a que se mantengan saludables y los hace sentirse bien. Jugar o practicar deportes es normal para los niños.

Tu médico te ayudará a pensar en el ejercicio adecuado para tu hijo.

¿Qué debo tener presente?

- Todos los niños necesitan hacer ejercicio.
- Toma medidas para ayudar a que tu hijo haga ejercicio.
- Visita a un médico para averiguar cómo ayudar a tu hijo a hacer ejercicio.
- Pídele a un médico que te dé una nota donde diga que tu hijo necesita tener albuterol en la escuela.
- El EIA puede aparecer sola o ser parte del asma mal controlada.

Cuando el ejercicio provoca el asma

¿Qué puedo hacer en casa?

- Haz que tu hijo respire por la nariz.
- **No** dejes que haga ejercicio intenso cuando hace frío.
- Haz que tu hijo use una mascarilla o una bufanda que le cubra la boca y la nariz cuando haga frío.
- Ayuda a tu hijo a buscar deportes que pueda hacer. Podrías probar con voleibol, natación, ciclismo, caminata o béisbol.
- Ayuda a tu hijo a hacer ejercicio. Planifica qué puede hacer tu hijo. Dale los medicamentos tal como te indicó el médico.

¿Cuándo debería visitar al médico o la enfermera?

- Lleva a tu hijo al médico si piensas que tiene Asma inducida por el ejercicio.
- Consulta al médico si tu hijo tiene que dejar de jugar porque tiene dificultad para respirar.
- Consulta al médico antes de que tu hijo empiece un deporte.

Inyecciones para la alergia y el asma

¿De qué se trata?

Una inyección para la alergia le aplica a tu hijo una pequeña cantidad de lo que le provoca alergia. La inyección servirá para prevenir las señales de alergia.

¿Qué debo saber?

Muchos niños asmáticos también tienen otras señales de alergia. Las alergias de los niños incluyen:

- Fiebre del heno.
- Sarpullido.
- Picaduras de insectos.
- Alergias a los alimentos. (Tu médico **no** le aplicará inyecciones para las alergias a los alimentos).

Un alérgeno es cualquier cosa que le provoque una reacción alérgica a tu hijo. Las inyecciones para las alergias reducen los síntomas que causan los alérgenos.

Una inyección para la alergia contiene una pequeña cantidad de lo que le provoca alergia a tu hijo. Por ejemplo: si tu hijo es alérgico al polen, la inyección tendrá una pequeña cantidad de polen.

- Las inyecciones para las alergias ayudarán al cuerpo de tu hijo a bloquear el alérgeno cuando entre al cuerpo.

Inyecciones para la alergia y el asma

- Las inyecciones para las alergias ayudarán al cuerpo de tu hijo a combatir el alérgeno. Tu hijo tendrá pocas señales como sarpullido, estornudos o sibilancias.
- Los médicos por lo regular esperan a que los niños cumplan 5 años para comenzar a aplicar las inyecciones para las alergias.
- Por lo general, lleva 6 meses o más para que las inyecciones para las alergias comiencen a dar resultado.
- Por lo regular los niños reciben inyecciones para las alergias durante 3 a 5 años.

Cuando las inyecciones den resultado, tu médico tal vez te diga que le des menos cantidad de medicamento para el asma a tu hijo. **Nunca dejes de darle los medicamentos a tu hijo a menos que tu médico te lo indique.**

Las inyecciones para las alergias pueden ser de ayuda si tu hijo:

- Tiene asma difícil de controlar.
- Es alérgico a los alérgenos del aire.
- **No** mejora con los medicamentos para el asma o éstos le causan efectos secundarios.
- Es alérgico a algo que tú no puedes eliminar.
- Está tomando muchos medicamentos para las alergias.
- Tiene dificultad para tomar el medicamento.

Por lo regular un médico especial es el que aplica las inyecciones para las alergias. A este médico se lo llama "especialista en alergias".

Inyecciones para la alergia y el asma

- Este médico hará pruebas para descubrir a qué es alérgico tu hijo. El médico te ayudará a saber qué afecta a tu hijo.
- Es posible que las alergias en los niños no sean iguales a las alergias en los adultos. El médico sabrá qué hacer por tu hijo.

Tu hijo recibirá las inyecciones para las alergias en el consultorio del médico. A veces los niños tienen reacciones a las inyecciones para las alergias. Después de aplicarle una inyección, el médico hará esperar a tu hijo 30 minutos antes de que se vaya del consultorio. De esta manera, si tu hijo tiene una reacción a la inyección, el médico estará allí para ayudarlo.

¿Qué debo tener presente?

- Las inyecciones para las alergias pueden ayudar a los niños a controlar mejor el asma.
- Las inyecciones para las alergias actúan mejor cuando eliminas los alérgenos de tu casa.
- Las inyecciones para las alergias son para los alérgenos del aire. Los médicos **nunca** aplican inyecciones para las alergias a los alimentos.
- Las inyecciones para las alergias pueden costar mucho dinero. Averigua si tu seguro de salud ayudará a pagar estas inyecciones para tu hijo.
- Si tu hijo **no** tiene seguro de salud, llévalo a una clínica comunitaria. Pide ayuda para conseguir un seguro para tu hijo.

Inyecciones para la alergia y el asma

- Los niños por lo regular superan el miedo a las inyecciones cuando ven cómo les aplican las inyecciones a otros niños.

¿Qué puedo hacer en casa?
- Averigua cómo pueden ayudar las inyecciones para las alergias a tu hijo.
- Habla con tu hijo acerca de ir al especialista en alergias.

¿Cuándo debería llamar al médico o la enfermera?
- Llama para averiguar si las inyecciones para las alergias pueden ayudar a tu hijo.

Vomito, acidez y ardor de estómago

¿De qué se trata?

La comida y el ácido del estómago pueden subir por la garganta hasta la boca de tu hijo. Esto puede causar vomito, acidez y ardor de estómago.

¿Qué debo saber?

Cuando la comida y el ácido vuelven del estómago, hay un problema. El nombre médico para este problema es "reflujo ácido" o "reflujo gastroesofágico" (GERD, por sus siglas en inglés).

El reflujo ácido puede causar dificultad para respirar. La comida que sube del estómago puede llegar a la nariz y los pulmones.

- Es normal que los bebés vomiten un poco.
- Puede haber reflujo ácido cuando un niño pequeño está acostado.
- La mayoría de los bebés y niños pequeños que tienen reflujo ácido mejoran a medida que crecen.

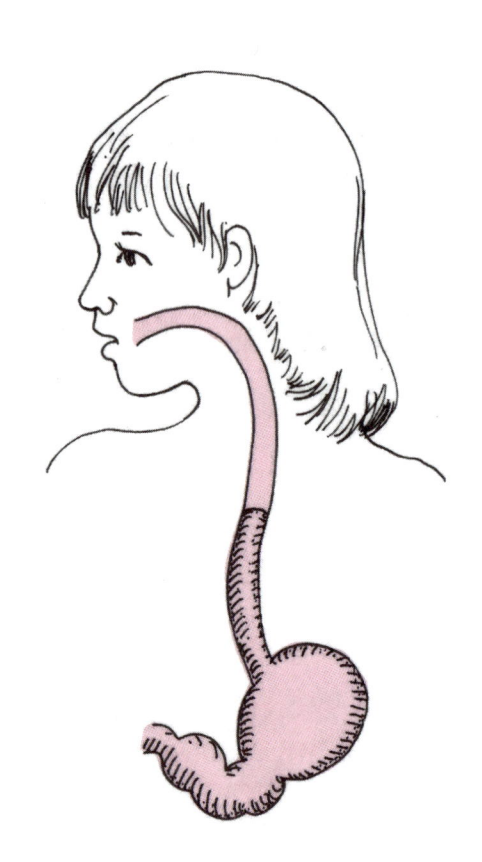

Vomito, acidez y ardor de estómago

Éstas son señales de un problema de reflujo ácido en bebés y niños pequeños:

- Llora o está irritable todo el tiempo
- Vomita todo el tiempo
- Tiene mal aliento
- Babea o le gotea la nariz
- Tiene tos perruna
- Vomita 1 hora después de comer
- Tiene señales de asma frecuentes por la noche

Estos problemas para respirar también pueden ser señales de reflujo ácido:

- Sibilancias
- Tos por la noche
- Dificultad para dormir
- Neumonía
- Bronquitis

Consulta a un médico para saber si tu hijo tiene reflujo ácido. Tu médico:

- Examinará a tu hijo.
- Hará preguntas para ver si tu hijo tiene reflujo ácido.
- Decidirá si tu hijo tiene reflujo ácido u otro problema de salud.
- Te dirá qué hacer por tu hijo.

Vomito, acidez y ardor de estómago

Cosas que ayudan a los bebés y niños pequeños con reflujo ácido:

- Mantén a tu hijo sentado durante al menos 45 minutos después de comer. Esto impide que la comida vuelva a la garganta.
- Levanta la cabecera de la cuna. Usa sábanas con bolsillos, que impiden que el bebé se deslice hacia los pies de la cuna.
- Es posible que tu médico cambie la fórmula que toma tu bebé.
- Tal vez tu médico te diga que cambies los horarios en que alimentas a tu bebé.
- Tu médico podría decirte que le des un medicamento a tu bebé.

Cosas que ayudan a los niños más grandes con reflujo ácido:

- Haz que tu hijo coma varias veces al día en pequeñas cantidades.
- **No** permitas que coma 3 horas antes de irse a dormir.
- Trata de **no** dejarlo que coma chocolate, ajo, cebolla, alimentos picantes o frituras.
- Trata de **no** dejarlo que tome refrescos o bebidas con cafeína.
- Coloca bloques de madera debajo de las patas delanteras de la cama de tu hijo para levantar la cabecera unas 6 pulgadas.

Vomito, acidez y ardor de estómago

Si estas medidas **no** funcionan, tu médico tal vez te diga que le des un medicamento a tu hijo.

¿Qué debo tener presente?
- Los problemas de reflujo ácido pueden empeorar el asma.
- Puedes ayudar a tu hijo si tiene reflujo ácido.

¿Qué puedo hacer en casa?
- Dale a tu hijo el medicamento que el médico te indicó que le dieras.
- Haz lo que el médico te dijo que hicieras por tu hijo.
- Dile a toda tu familia cómo hay que cuidar a tu hijo.

¿Cuándo debería llamar al médico o la enfermera?
- Llama si piensas que tu hijo tiene reflujo ácido.
- Llama cuando se te termine el medicamento de tu hijo.
- Llama cuando **no** sepas qué hacer por tu hijo.
- Llama si tu hijo **no** mejora.

Fiebre del heno

¿De qué se trata?

La fiebre del heno hace que el interior de la nariz esté pálido, inflamada y chorriante. Esto ocurre cuando tu hijo inhala un alérgeno.

¿Qué debo saber?

Los problemas de la nariz empeoran el asma. La fiebre del heno de tu hijo puede hacer que le cueste dormir. Tal vez tu hijo tenga problemas de oído o dificultades en la escuela.

Los médicos llaman a la fiebre del heno "alergia nasal" o "rinitis alérgica".

Señales de que tu hijo pueda tener fiebre del heno:

- Tiene la nariz tapada, con picazón o que gotea
- Se limpia o frota la nariz todo el tiempo
- Estornuda mucho
- Tiene los ojos llorosos, enrojecidos y con picazón
- Tiene ojeras
- Tiene infecciones de oído (otitis)
- Tiene tos por la noche

Fiebre del heno

¿Tiene tu hijo 2 o más de estas señales? ¿Estás seguro de que **no** se trata de un resfrío? Entonces quizas sea fiebre del heno.

Los factores que provocan el asma también causan fiebre del heno. (Consulta "Factores que provocan el asma" en la página 18).

El médico te dirá si tu hijo tiene fiebre del heno. El médico de tu hijo:

- Hará preguntas para ver si tu hijo tiene un problema de alergia.
- Examinará a tu hijo.
- Le hará una radiografía de pecho, una prueba de respiración o una prueba de alergia.
- Te dirá si se trata de una alergia nasal, asma u otro problema.
- Te enseñará lo que debes hacer por tu hijo.

Tu médico podría decirte que le des un medicamento a tu hijo. Los antihistamínicos son medicamentos que detienen la picazón y los estornudos. Si los antihistamínicos solos no dan resultado, tu médico posiblemente agregue un aerosol nasal. Es posible que este aerosol tenga un corticosteroide. (Consulta "Medicamentos de control: corticosteroides inhalados" en la página 59).

¿Qué debo tener presente?

- Los niños pequeños pueden tener síntomas de alergia durante todo el año por los alérgenos del hogar.

Fiebre del heno

- Los niños más grandes pueden tener fiebre del heno por el polen de la primavera y el otoño.
- Una alergia nasal puede causar infecciones de oído (otitis) y de los pozos paranasales (sinusitis). (Consulta "Sinusitis" en la página 121).
- Una alergia nasal puede complicar el control del asma.

¿Qué puedo hacer en casa?

- Elimina los factores que provocan el asma que haya en tu casa.
- Dale a tu hijo el medicamento que el médico te indicó que le dieras.
- Haz lo que el médico te dijo que hicieras por tu hijo.
- Dile a toda tu familia cómo hay que cuidar a tu hijo.

¿Cuándo debería llamar al médico o la enfermera?

- Llama si piensas que tu hijo tiene fiebre del heno.
- Llama cuando necesites medicamento para darle a tu hijo.
- Llama cuando no sepas qué hacer por tu hijo.
- Llama si tu hijo **no** mejora con el medicamento.

Sinusitis

¿De qué se trata?

Cuando se inflaman o infectan los pozos paranasales de un niño, éstos **no** drenan.

¿Qué debo saber?

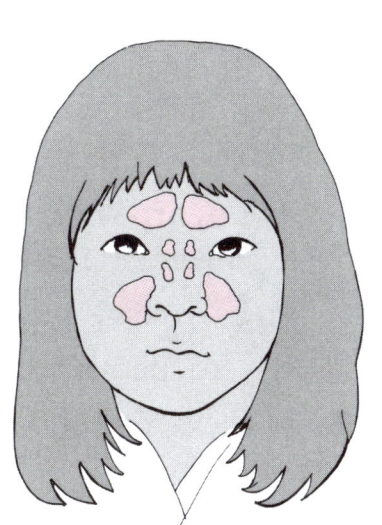

Los pozos paranasales son los huecos de aire que se encuentran en los huesos de la cara y de la cabeza. Los pozos paranasales terminan en la nariz. A la infección de los pozos paranasales se la llama "sinusitis".

Los problemas en los pozos paranasales de tu hijo empeoran el asma. Es posible que tu hijo **no** te diga que siente dolor. Pero posiblemente tenga algunas de estas señales:

- Nariz tapada
- Moco amarillo o verdoso de la nariz
- Fiebre
- inflamación alrededor de los ojos
- Tos por la noche
- Irritabilidad
- Dolor de cabeza (en los niños más grandes)

Sinusitis

La sinusitis por lo regular aparece entre 10 y 14 días después de un resfrío. Las señales de la sinusitis puede que duren muchas semanas y empeoran el asma de tu hijo.

Lleva a tu hijo a un médico. Es posible que tu médico:

- Pida una radiografía de los pozos paranasales.
- Te diga qué hacer por tu hijo.
- Le dé un antibiótico a tu hijo para que lo tome durante 3 semanas.

¿Qué debo tener presente?

- Los problemas en los pozos paranasales pueden empeorar el asma.
- La sinusitis puede hacerse crónica y durar meses.
- Una alergia nasal puede provocar sinusitis crónica.
- Lleva a tu hijo al médico.

¿Qué puedo hacer en casa?

- Usa un aerosol nasal de solución salina (agua y sal) para sacarle el moco de la nariz. Puedes comprar el aerosol en la farmacia. El médico tal vez te diga que uses un gotero con solución salina.
- Dale a tu hijo el medicamento que el médico te indicó que le dieras.

Sinusitis

- Haz lo que el médico te dijo que hicieras por tu hijo.
- Dile a tu familia cómo hay que cuidar a tu hijo.
- Dale **todo** el antibiótico a tu hijo. **No** dejes de dárselo cuando esté mejor.

¿Cuándo debería llamar al médico o la enfermera?

- Llama si piensas que tu hijo tiene sinusitis.
- Llama cuando necesites medicamento para darle a tu hijo.
- Llama cuando **no** sepas qué hacer por tu hijo.
- Llama si tu hijo **no** mejora con el medicamento.

Vivir con asma 7

Notas

Visitas al médico

¿De qué se trata?

Aprovecha al máximo las visitas al médico de tu hijo.

¿Qué debo saber?

Cumple con las citas médicas aunque tu hijo parezca estar sano. Lleva:

- Los inhaladores de tu hijo.
- El Plan de acción contra el asma de tu hijo.
- Las preguntas que quieres hacerle al médico. (Abajo encontrarás algunas ideas).

Ve preparado para responder estas preguntas:

- ¿Cuántas veces a la semana:
  - tiene tu hijo señales de asma durante el día?
  - tiene tu hijo señales de asma por la noche?
  - usa tu hijo el medicamento de alivio rápido?
- ¿Cuántos días tuvo que faltar a la escuela o a la guardería?
- ¿Con qué frecuencia tu hijo toma el medicamento de control?
- ¿Tiene señales de asma cuando juega o hace ejercicio?
- ¿Tu hijo ha:
  - ido a la sala de emergencias desde la última visita al médico?
  - estado en el hospital desde la última visita?

Visitas al médico

- ¿Qué cosas o lugares parecen empeorar el asma de tu hijo?
- ¿Cuáles son los números del medidor de flujo de aire máximo de tu hijo desde la última visita?
- ¿Crees que el asma de tu hijo mejoró o empeoró desde la última visita?

Anota preguntas para hacerle al médico **antes** de tu visita y llévalas a la cita. Algunas preguntas útiles:

- ¿Por qué cambió el asma de mi hijo desde la última vez?
- ¿Qué tiene que hacer mi hijo en la escuela?
- ¿Es necesario hacer algún cambio en el Plan de acción contra el asma?
- ¿Qué podría estar empeorando el asma de mi hijo?
- ¿Estamos usando los inhaladores correctamente?
- ¿Qué debo hacer en una emergencia?
- ¿Cuándo debo volver a traer a mi hijo?

Asegúrate de que tengas suficientes medicamentos hasta la próxima visita.

¿Qué debo tener presente?

- Es importante que trabajes con tu médico para controlar el asma de tu hijo.
- Es posible que la visita al médico no dure mucho tiempo.
- Lo mejor que puedes hacer es ir preparado a la visita.
- Debes estar preparado para hablarle al médico sobre el asma de tu hijo. Esto ayudará a que el médico sepa qué hacer por tu hijo

Visitas al médico

¿Qué puedo hacer en casa?
- Si puedes, planifica que tu hijo vaya al médico con **ambos** padres.
- Habla con tu hijo sobre la visita al médico. Cuéntale a tu hijo lo que hará el médico.
- Pregúntale a tu hijo si tiene alguna pregunta para hacerle al médico.
- Haz que tu hijo se prepare para la visita al médico.
- Prepara las cosas que llevarás a la visita al médico:
  - Plan de acción contra el asma
  - Todos los medicamentos e inhaladores para el asma
  - Mascarilla o espaciador
  - Mejores números de flujo de aire máximo
  - Lista de preguntas

¿Cuándo debería llamar al médico o la enfermera?
- Llama cuando necesites una cita.
- Llama si **no** puedes ir a una cita.
- Llama en cualquier momento en que tengas una pregunta.
- Llama cuando **no** entiendas cómo debes cuidar a tu hijo.
- Llama si no puedes hacer lo que el médico te dijo que hicieras.

El asma en la guardería

¿De qué se trata?

En una guardería, otras personas cuidan de tu hijo. Asegúrate de que **todos** sepan qué hacer por el asma de tu hijo.

¿Qué debo saber?

Todas las personas que trabajan en la guardería de tu hijo deben saber que tu hijo tiene asma. Esto incluye al personal administrativo, los cuidadores, los maestros y todas las personas que pasan tiempo con tu hijo.

Antes de que tu hijo vaya a la guardería:

- Debes ir a ver al personal y a los cuidadores para hablar con ellos sobre tu hijo.

- Pide en la guardería de tu hijo un formulario que tu médico pueda firmar. Este formulario dice que está bien darle a tu hijo un medicamento de alivio rápido.

El asma en la guardería

- Entrega al personal de la guardería una copia del Plan de acción contra el asma de tu hijo.

Preguntas para hacer en la guardería:
- ¿Quién le dará el medicamento a mi hijo?
- ¿Dónde guardarán el medicamento? (Tu hijo tal vez necesite un medicamento inmediatamente).

Cosas que debes darle al personal de la guardería:
- El Plan de acción contra el asma de tu hijo
- Números de teléfono para llamarte
- Nombres y números de teléfono para llamar cuando el asma de tu hijo empeore
- Un inhalador de alivio rápido para tu hijo
- Un espaciador y una mascarilla si tu hijo usa una
- Si tu hijo tiene más de 5 años, dale un medidor de flujo de aire máximo.

Cosas para decirles a las personas que trabajan en la guardería:
- Enséñale al personal de la guardería a darle el medicamento a tu hijo.
- Cuéntales sobre el asma de tu hijo. Cuéntales sobre los factores que provocan el asma de tu hijo.
- Diles si tu hijo es alérgico a los alimentos o animales.
- Habla sobre el ejercicio para tu hijo.
  - Diles que tu hijo debe quedarse adentro cuando hace mucho frío o mucho calor, o cuando hay *smog*.

El asma en la guardería

- ■ Diles si tu hijo debe usar un inhalador 15 minutos antes de hacer ejercicio.
- **Si tu hijo tiene un fuerte ataque de asma, diles que llamen al 911 y después que te llamen a ti.**

¿Qué debo tener presente?

- Debes ayudar al personal de la guardería a prepararse para cuidar de tu hijo. Deben saber qué hacer cuando tu hijo tenga señales de asma.
- Asegúrate de que tengan el Plan de acción contra el asma y que entiendan cómo deben usarlo.
- En la guardería pueden controlar el asma de tu hijo. Tu hijo podrá hacer lo que hacen los demás niños.
- Llama o ve a la guardería seguido para ver cómo está tu hijo.
- Habla con los maestros para asegurarte de que tu hijo no quede aislado. Busca formas de hacer que tu hijo participe en las actividades. Si tu hijo no puede jugar a un juego, puede llevar el marcador.

¿Qué puedo hacer en casa?

- Marca todo lo que tu hijo debe llevar a la guardería con su nombre, el nombre de los medicamentos y con qué frecuencia usarlos.
- Debes llevar un registro de las dosis del inhalador que queda en la guardería. Lleva un nuevo inhalador cuando creas que van a necesitar uno.

El asma en la guardería

- Enséñale a tu hijo a **no** compartir los inhaladores con otros niños.
- También enséñale a tu hijo a lavarse las manos con frecuencia.
- Deja que tu hijo falte a la guardería y se quede en tu casa cuando:
    - Haya pasado una mala noche con tos o sibilancias.
    - Respire más rápido de lo normal.
    - **No** se vea bien.

¿Cuándo debería llamar al médico o la enfermera?

- Llama para preguntar si tu hijo debería ir a la guardería.
- Llama si **no** tienes un Plan de acción contra el asma para llevar a la guardería de tu hijo.
- Llama si tu hijo está teniendo dificultades con el asma en la guardería.

El asma en la escuela

¿De qué se trata?

Es posible que tu hijo tenga señales de asma en la escuela. En la escuela, otras personas cuidan de tu hijo. Asegúrate de que todo el personal de la escuela sepa qué hacer por el asma de tu hijo.

¿Qué debo saber?

Todas las personas que trabajan en la escuela de tu hijo deben saber que tu hijo tiene asma:

- El director
- La enfermera de la escuela
- Los maestros y los maestros reemplazantes
- El instructor (profesor) de educación física
- Los consejeros
- El conductor del autobús escolar
- Todas las personas que pasen tiempo con tu hijo

Antes de que tu hijo vaya a la escuela:

- Debes ir a ver a los maestros, a las enfermeras y al personal de la escuela. Háblales acerca de tu hijo. Hazlo cada vez que comience el año escolar.
- Pide en la escuela un formulario que tu médico pueda firmar. Este formulario dice que está bien darle a tu hijo un medicamento de alivio rápido.

El asma en la escuela

- Entrega al personal de la escuela una copia del Plan de acción contra el asma de tu hijo.

Preguntas para hacer en la escuela:
- ¿Quién le dará el medicamento a mi hijo?
- ¿Saben cómo darle el medicamento?
- ¿Dónde guardarán el medicamento? (Tu hijo tal vez necesite un medicamento inmediatamente).

Cosas que debes darle al personal de la escuela:
- El Plan de acción contra el asma de tu hijo
- Números de teléfono para llamarte
- Nombres y números de teléfono para llamar cuando el asma de tu hijo empeore
- Un inhalador de alivio rápido para tu hijo
- Un espaciador y una mascarilla si tu hijo usa una

Cosas para decirles a las personas que trabajan en la escuela:
- Cuéntales sobre el asma de tu hijo. Cuéntales sobre los factores que provocan el asma de tu hijo.
- Diles si tu hijo es alérgico a los alimentos o animales.
- Habla sobre el ejercicio para tu hijo.
    - Diles que tu hijo debe quedarse adentro cuando hace mucho frío o mucho calor, o cuando hay *smog*.
    - Diles si tu hijo debe usar un inhalador 15 minutos antes de hacer ejercicio.
- **Si tu hijo tiene un fuerte ataque de asma, diles que llamen al 911 y después que te llamen a ti.**

El asma en la escuela

¿Qué debo tener presente?

- Tu escuela te dará un formulario para que lo firmen tú y el médico. Este formulario da permiso a la escuela a darle a tu hijo un medicamento de alivio rápido.
- También debes darle a la escuela el Plan de acción contra el asma de tu hijo.
- Debes ayudar al personal de la escuela a prepararse para cuidar de tu hijo. Deben saber qué hacer cuando tu hijo tenga señales de asma.
- Asegúrate de que tengan el Plan de acción contra el asma y que entiendan cómo deben usarlo.
- En la escuela pueden controlar el asma de tu hijo. Tu hijo podrá hacer lo que hacen los demás niños.
- Habla con los maestros para asegurarte de que tu hijo **no** quede aislado. Busca la forma de que tu hijo participe en las actividades. Si tu hijo **no** puede jugar a un juego, haz que lleve el marcador.
- Asegúrate de que otros niños en la escuela **no** se burlen de tu hijo porque tiene asma. Pídele al maestro que les hable a los alumnos acerca del asma.

¿Qué puedo hacer en casa?

- Marca el inhalador y todo lo que tu hijo lleve a la escuela con su nombre. Guarda una copia del Plan de acción contra el asma de tu hijo junto con sus medicamentos. El plan indicará cómo deben darle el medicamento.
- Lleva un registro de las dosis del inhalador que queda en la escuela. Dile al personal de la escuela que te informen cada vez que tu hijo use el inhalador. Lleva un nuevo inhalador cuando creas que van a necesitar uno.

El asma en la escuela

- Llama o ve a la escuela seguido para ver cómo está tu hijo.
- Cuando firmes un permiso para que tu hijo vaya a un paseo escolar, regrésalo con una nota que diga que tu hijo tiene asma. Asegúrate de que la escuela y todos los maestros sepan cómo comunicarse contigo y con el médico de tu hijo. Esto es muy importante si el paseo escolar es a un zoológico o una granja.
- Enséñale a tu hijo a **no** compartir los inhaladores con otros niños.
- También enséñale a tu hijo a lavarse las manos con frecuencia en la escuela.
- **No** mandes a tu hijo a la escuela cuando:
  - El medicamento de alivio rápido **no** alivie las señales de asma.
  - Tu hijo tenga dificultad para respirar.
  - Te preocupe la forma en que respira tu hijo.
  - Tu hijo haya pasado una mala noche con tos o sibilancias.

¿Cuándo debería llamar al médico o la enfermera?

- Llama si no estás seguro si tu hijo debería faltar a la escuela y quedarse en casa.
- Llama cuando necesites una copia firmada del Plan de acción contra el asma de tu hijo para llevar a la escuela.
- Llama cuando necesites que el médico firme algún formulario. Por ejemplo, necesitarás algún papel que da permiso a la escuela a darle el medicamento a tu hijo.
- Llama si tu hijo está teniendo dificultades con el asma en la escuela.

Lista de palabras

A

- **albuterol**—Un medicamento de alivio rápido que alivia inmediatamente las señales de asma. Es el nombre comun del medicamento que se usa a diario para el asma.
- **alérgeno**—Cualquier cosa que provoque una alergia. Los alérgenos que están en el aire pueden provocar señales de asma.
- **asma bronquial**—Nombre médico del asma.
- **Asma inducida por el ejercicio**—Un diagnóstico que hace el médico cuando un niño tiene asma durante o después de hacer ejercicio. También se la llama EIA, por sus siglas en inglés.
- **ataque de asma**—Cuando las señales de asma aparecen de repente. A veces se lo llama irritacion o episodio de asma.

B

- **broncodilatadores**—Medicamentos que abren las vías respiratorias. También se los llama medicamentos de alivio rápido.
- **bronquios**—Grandes conductos (tubos) por donde entra y sale el aire de los pulmones.

C

- **control del asma**—Cuando tu hijo puede jugar, dormir, ir a la escuela y hacer lo que hacen los demás niños, el

Lista de palabras

asma de tu hijo está controlada (los números de flujo de aire máximo son normales). Casi nunca necesita un medicamento de alivio rápido.

- **crónico**—Que sucede todo el tiempo. Tal vez mejore pero nunca desaparecerá del todo.

E

- **efecto secundario**—Cuando un medicamento le hace algo al cuerpo que no es para lo que se indicó.
- **espaciador**—Un tubo largo que se conecta a un inhalador. Retiene el medicamento pulverizado mientras el niño lo inhala.
- **espirometría**—Una prueba que se hace en un consultorio médico o una clínica para medir la respiración de un niño. Se puede usar para diagnosticar el asma.
- **excrementos**—Desechos sólidos que elimina el cuerpo.

F

- **factor que provoca**—Cualquier cosa que pueda causarle señales de asma a tu hijo.

G

- **grave**—Lo peor.

I

- **importante**—Que debes prestarle mucha atención.
- **inflamación**—Cuando las vías respiratorias están hinchadas, y tienen moco y espasmos musculares. Causa tos, sibilancias y dificultad para respirar.

Lista de palabras

- **inflamado**—Una parte del cuerpo que se agranda.
- **inhalador**—Un pequeño instrumento que hace llegar el medicamento a los pulmones cuando se inhala. Un "inhalador de polvo seco" pulveriza un polvo fino. Un "inhalador de dosis medidas" pulveriza un vapor.
- **inhalador de polvo seco**—Pequeño instrumento que contiene un medicamento en forma de polvo seco. Tu hijo inhala el medicamento para que llegue a los pulmones.
- **intermitente**—Cuando tu hijo tiene asma sólo de vez en cuando.
- **irritantes**—Cosas que están en el aire que pueden provocar un ataque de asma, por ejemplo, el humo del cigarrillo, el aire frío, el *smog* o los olores fuertes.

M

- **mascarilla**—Se usa sobre la boca y la nariz para ayudar a que un niño inhale la dosis completa de un medicamento.
- **MDI**—Siglas en inglés que significan "inhalador de dosis medidas", que es un instrumento que contiene un medicamento. El MDI usa un gas para formar un vapor que el niño inhala.
- **medicamentos de alivio rápido**—Los medicamentos para el asma como el albuterol que actúan inmediatamente cuando un niño tiene tos, sibilancias o dificultad para respirar.
- **medicamentos de control**—No alivian de inmediato. Se toman todos los días para prevenir las señales de asma. Reducen el enrojecimiento y la hinchazón de las vías respiratorias y los pulmones.

Lista de palabras

- **medidor de flujo de aire máximo**—Lo usan la mayoría de los niños a partir de los 5 años. Puede decirte si los síntomas de asma de tu hijo están empeorando.
- **mejor flujo de aire máximo personal**—El número más alto del medidor de flujo de aire máximo cuando un niño no tiene señales de asma.
- **moco**—Un líquido espeso que produce el cuerpo. Protege la nariz, la boca, la garganta, las vías respiratorias y los pulmones. Los alérgenos y las infecciones pueden provocar demasiado moco, que tape las vías respiratorias.
- **moho**—El moho se desarrolla en lugares húmedos y mojados. Es fácil inhalarlo y con frecuencia provoca el asma.

N

- **nebulizador**—Un aparato que transforma un medicamento líquido en un vapor que tu hijo inhala.

P

- **parásito del polvo**—Una clase de insecto pequeñísimo. Viven en el polvo que hay en las casas. Viven en los dormitorios, las almohadas, las alfombras, las cortinas y los colchones. Causan alergias y señales de asma en los niños.
- **Plan de acción contra el asma**—Un plan que escribe el médico para ti y tu hijo. El plan te dirá qué hacer todos los días y cuando el asma de tu hijo empeore. Para saber qué medicamento darle a tu hijo, se usan los señales de asma y el número del medidor de flujo de aire máximo.

Lista de palabras

- **polen**—Un alérgeno que sueltan las flores y las plantas en primavera y otoño.

R

- **reflujo ácido**—Cuando la comida que está en el estómago vuelve a subir por la garganta.

S

- **señales de asma**—Las cosas que puedes ver en tu hijo que te hacen dar cuenta de cómo está su asma. También se los llama "síntomas".
- **sibilancias o sonido parecido a un silbido**—Por lo regular se escucha cuando un niño sopla. Esto indica que las vías respiratorias están tapadas.
- **síntoma**—Algo que sientes, ves o escuchas en tu hijo que no es normal. El síntoma te dice que algo anda mal.
- **Sistema de zonas de colores**—Usa los colores del semáforo y te dice qué hacer por tu hijo.

V

- **vías respiratorias**—Los conductos (tubos) por donde el aire entra y sale de los pulmones.

Z

- **Zona de color amarillo**—Debes estar alerta a las señales de asma que empeoran. Dale a tu hijo un medicamento de alivio rápido. Tal vez tu hijo esté tomando un medicamento de control todos los días.

Lista de palabras

- **Zona de color rojo**—Las señales de asma y el número de flujo de aire máximo se encuentran en la zona de peligro. Se necesita ayuda de emergencia inmediatamente.
- **Zona de color verde**—No hay señales de asma. El asma está bien controlada.
- **zonas**—Coinciden con los colores del semáforo (verde, amarillo y rojo). Se usan para saber qué medicamento para el asma usar y qué hacer.

Contenido de este libro de la A a la Z

A
acidez de estómago 114–117
aerosol nasal 119
aerosoles nasales de solución salina 122
agonistas beta de acción prolongada (LABA) 65
albuterol 57–58, 107–108
alérgenos 18–20, 110
alérgenos alimentarios 20, 110
alérgenos de exterior 20
alérgenos de interior 19
alergia nasal 110, 118–120
antihistamínicos 119
ardor de estómago 114–117
asma 5–7
asma bronquial 2
asma en la escuela 133–136
asma en la guardería 129–132
Asma inducida por el ejercicio (EIA) 106–109
Asma intermitente 24–25
Asma persistente 24–27, 59
asma persistente grave 27
asma persistente leve 26
asma persistente moderada 26
ataques de asma 12–15, 29, 53, 69, 131, 134

B
bajar la intensidad lentamente después de hacer ejercicio 108
bebés 13, 114–116
boca, infección por hongo de la 61
boquilla 91
broncodilatadores 10
bronquios 2, 6
bronquitis 2

C
cámaras de retención 60, 75, 79–83
caspa de mascotas 19
control del asma 29–31
corticosteroides inhalados (ICS) 59–63
cucarachas 20, 23

143

Contenido de este libro de la A a la Z

E
ejercicio 102–109, 130–131, 134
enfermedad crónica 3
entrar en calor antes de hacer ejercicio 103, 108
escuela 133–136
espaciadores 60, 75, 79–83
espaciadores, usar con mascarilla 84–85
especialistas en alergias 111, 113
espirómetros 10–11
esteroides orales 52–54, 69–72

F
factores que provocan el asma 18–23, 119
fiebre del heno 110, 118–120
fuertes ataques de asma 12–15, 28, 53
fuertes ataques de asma, en la escuela 134
fuertes ataques de asma, en la guardería 131

G
garganta, infección por hongo de la 61

GERD (reflujo gastroesofágico) 114–117
guardería 129–132

I
ICS (corticosteroides inhalados) 59–63
infección por hongo de la boca y la garganta 61
inflamación 18
inhaladores de dosis medidas 60, 74–78
inhaladores de polvo seco 60, 95–99
inhaladores de polvo seco en forma de disco 96
inhaladores de polvo seco en forma de tubo 96
inhaladores en tubo de monodosis 96
inyecciones para las alergias 110–113
irritantes 20–21, 103, 104

L
LABA (agonistas beta de acción prolongada) 65–66
levalbuterol 57
limpieza de espaciadores 81

Contenido de este libro de la A a la Z

limpieza de nebulizadores 91–92
los niños y el asma 2–4

M

mascarillas 84–88, 90, 91, 93
medicamentos a largo plazo 52–54, 59–68
medicamentos antiinflamatorios 52–54, 59–68
medicamentos de "rescate" 53, 56–58
medicamentos de "rescate", antes de hacer ejercicio 107–108
medicamentos de "rescate", en la escuela 134
medicamentos de "rescate", en la guardería 129–131
medicamentos de alivio rápido, 56–58
medicamentos de alivio rápido, antes de hacer ejercicio 107–108
medicamentos de alivio rápido, en la escuela 134
medicamentos de alivio rápido, en la guardería 129–131
medicamentos de control 52–54, 59–68
medicamentos para el asma 52–55
medicamentos preventivos 52–54, 59–68
medicamentos, de alivio rápido 53, 56–58
medidores de flujo de aire máximo 34–38
medidores de flujo de aire máximo de bajo rango 36
Mejor número personal de flujo de aire máximo 39–40
moco 5
modificadores de leucotrienos 64–65
moho 20, 23
muguet 61

N

nebulizadores 57, 60, 89–94
nebulizadores a chorro 89
neumonía 2
niveles de gravedad del asma 24–28
nuevos espaciadores 81

P

parásito del polvo 19, 22
paseos escolares 136

145

Contenido de este libro de la A a la Z

Plan de acción contra el asma 44–50
Plan de acción contra el asma, en la escuela 134–135
Plan de acción contra el asma, en la guardería 130–131
polen 20, 110

R
reemplazo de espaciadores 81
reflujo ácido 114–117
rinitis alérgica 110, 118–120

S
sibilancias 8
señales de alergia 18–19
señales de asma 8–11
sinusitis 120–123
Sistema de zonas de colores 41–43
Sistema de zonas de colores del medidor de flujo de aire máximo 41–43

T
teofilina 66–67
tos 7, 10–11

V
vías respiratorias 2, 5, 6
visitas al médico 126–128
vomito 114–117

Z
zona de color amarillo 41, 42, 43, 45, 47
zona de color rojo 41, 42, 43, 46, 47
zona de color verde 41, 42, 45, 47

Agradecimientos

Deseamos agradecer a las siguientes personas su colaboración con este libro:

Albert E. Barnett, MD

William Berger, MD

Cristina Bernal

Gina Capaldi

Blanca M. Castro

Maria Collis

Sherwin Gillman, MD

Alan B. Goldsobel, MD

Warren Hand

Gabriela Hernandez

Yoly Herrera

Rose Loaiza

Vanessa E. Loera

Gloria Mayer, RN, Ed.D

Donna McKenzie, CFNP

Olga Molina

Marla Nathan

Ruby Raya-Morones, MD

Audrey Riffenburgh

Vanessa Rodriguez

Nancy Rushton, RN

Marian Ryan, Ph.D, MPH, CHES

Arely Servin

Michael Villaire

Carolyn Wendt

Otros Libros de la Serie

Qué Hacer Cuando Su Niño Se Enferme*

Hay mucho que puede hacer para su hijo en su casa. Finalmente, un libro que es fácil de leer y fácil de usar, escrito por dos enfermeras informadas. Este libro le dirá:

- Qué observar cuando su hijo se enferme
- Cuando llamar al doctor
- Como tomarle la temperatura
- Qué hacer cuando a su hijo le da la gripe
- Como curar cortadas y raspaduras
- Qué comidas prepararle a su hijo cuando se enferma
- Como parar infecciones
- Como prevenir accidentes en la casa
- Qué hacer en casos de emergencia

ISBN 978-0-9701245-1-7
$12.95

Qué Hacer Para La Salud de los Adolescentes

Los años de la adolescencia son duros para los padres y para los adolescentes. Hay muchas cosas que usted puede hacer para ayudar a su adolescente. Al fin, un libro fácil de leer y fácil de usar escrito por dos enfermeras. Este libro le explica sobre:

- Los cambios en el cuerpo de los adolescentes.
- Cómo prepararse para los años de la adolescencia.
- Cómo hablar con su adolescente.
- Cómo acercarse a su adolescente.
- Cómo ayudar a su adolescente en sus tareas escolares.
- El noviazgo y las relaciones sexuales.
- Cómo mantener a su adolescente sano y salvo.
- Los síntomas de los problemas y dónde obtener ayuda.

ISBN 978-0-9701245-3-1
$12.95

También se encuentra disponible en inglés.
*****También se encuentra disponible en vietnamita, chino y coreano.**
Para ordenarlo, llame al (800) 434-4633.

Otros Libros de la Serie

Qué Hacer Cuando Vas A Tener un Bebé

Hay muchas cosas que una mujer puede hacer para tener un bebé saludable. Este es un libro fácil de leer y fácil de usar escrito por dos enfermeras que te explica:

- Cómo prepararte para el embarazo.
- La atención médica necesaria durante el embarazo.
- Cosas que no debes hacer estando embarazada.
- Cómo debes cuidarte para tener un bebé saludable.
- Los cambios físicos de cada mes.
- Cosas simples que puedes hacer para sentirte mejor.
- Señales de peligro y que hacer al respecto.
- Todo sobre el parto.
- Cómo alimentar y cuidar a tu nuevo bebé.

ISBN 978-0-9701245-7-9
$12.95

Qué Hacer Para la Salud de las Personas Mayores*

Hay muchas cosas que usted puede hacer para encargarse de su propia salud durante los años de su vejez. Este libro le explica:

- Los cambios del cuerpo cuando uno envejece.
- Los problemas de salud comunes de los mayores.
- Cosas que uno debe saber sobre los seguros de salud.
- Cómo conseguir un médico y obtener atención médica.
- Cómo comprar y tomar los medicamentos.
- Qué hacer para prevenir las caídas y los accidentes.
- Cómo mantenerse saludable.

ISBN 978-0-9701245-5-5
$12.95

También se encuentra disponible en inglés.
*También se encuentra disponible en vietnamita.
Para ordenarlo, llame al (800) 434-4633.

Otros Libros de la Serie

Qué Hacer Para Tener Dientes Sanos

Es importante el cuidar de sus dientes desde una edad temprana. Este libro le dice cómo hacerlo. También le explica todo sobre los dientes, las encías, y sobre cómo los dentistas trabajan con usted para mantener su dentadura saludable.

- Lo que usted necesita para cuidar sus dientes y sus encías.
- Cómo cuidar sus dientes cuando va a tener un bebé.
- Cómo cuidar los dientes de sus niños.
- Cuándo hay que llamar al dentista.
- El cuidado dental de las personas mayores.
- Qué hacer si se lastima la boca o los dientes.

ISBN 978-0-9720148-1-6
$12.95

Qué Hacer Para Los Niños Con Sobrepeso

Hay muchas cosas que usted puede hacer para ayudar a su hijo con sobrepeso a tener un estilo de vida saludable. Aquí tiene un libro fácil de leer y de usar que le informa:

- Cómo saber si su hijo tiene sobrepeso.
- Cómo comprar alimentos saludables.
- Cómo tratar con los sentimientos y la autoestima de su hijo con sobrepeso.
- Cómo leer la Etiqueta con información nutricional.
- Desayunos, almuerzos y cenas saludables.
- El tamaño correcto de las porciones.
- Por qué el ejercicio es tan importante.
- Consejos para comer en forma saludable cuando sale a comer afuera.
- Información sobre la diabetes y otros problemas de salud de los niños con sobrepeso.

ISBN 978-0-9720148-5-4
$12.95

**También se encuentra disponible en inglés.
Para ordenarlo, llame al (800) 434-4633.**